예배,
교회의 얼굴

교회가 제대로 된 얼굴을 가질 때까지

예배, 교회의 얼굴

지은이 안재경
펴낸이 이운연
초판발행 2014년 1월 8일
2쇄발행 2022년 2월 11일

펴낸곳 그라티아출판사
주소 경북 경산시 와촌면 계전길8길 22-17
전화 070-7164-0191
팩스 070-7159-3838
홈페이지 http://www.4re.co.kr
이메일 luy4230@naver.com
디자인 디자인집 02-521-1474
ⓒ 그라티아출판사 2014

값 10,000원

ISBN 978-89-965712-6-1 03230

Printed in Korea

예배,
교회의 얼굴

교회가 제대로 된 얼굴을 가질 때까지

그라티아

CONTENTS

추천사 ·· 07

들어가면서 ·· 11

1. 공예배 ·· 25
   : 예배시간에 대체 무슨 일이 일어나는가?

2. 신자들의 준비 ·· 37
   : 예배준비, 어떻게 할까?

3. 직분자들의 준비 ·· 49
   : 예배 전에 하는 직분자들의 악수

4. 예배로의 부름 ·· 63
   : 누가 누구를 부르는가?

5. 기원 ·· 77
   : 하나님이 인사하신다고?

6. 신앙고백 ·· 91
   : 고백이 꼭 필요한가?

7. 십계명 ·· 105
   : 왜 율법을 낭독하는가?

8. 죄 고백과 사죄선언 ········· 119
: 고해성사의 잔재일까?

9. 찬송 ········· 133
: 어떤 찬송이 합당한가?

10. 기도 ········· 147
: 기도, 누가 어떻게 해야 하나?

11. 성경봉독과 설교 ········· 161
: 지금도 말씀하시는가?

12. 성찬 ········· 179
: 왜 자주 시행하지 않는가?

13. 헌금 ········· 195
: 헌금시간이 왜 사라졌는가?

14. 마침순서들 ········· 211
: 끝인가, 아니면 절정인가?

나가면서 ········· 229

부록 A | 사도신경(고려신학대학원 교수회 역본) ········· 232

부록 B | 예배 중의 기도문 ········· 234

추천사

성도의 삶이 주께 온전히 드리는 것이라면 무엇 하나 예배가 아닌 것은 없다. 그럼에도 주의 백성들이 함께 모여 드리는 예배는 삶의 예배의 중심에 서 있다.

안 재경 목사의 책은 예배가운데서도 우리가 흔히 '주일 대예배'라 부르는 예배를 구성하는 요소들이 어떤 의미를 지니는지를 생각하고 바른 예배를 사모하게 만든다. 이 책이 온전한 예배에 대한 관심을 불러일으키는 계기가 되기를 바라고 교회 전임 사역자들뿐만 아니라 세상 속에 살아가는 성도들도 읽으면 큰 유익이 있으리라 생각하고 추천한다.

강 영안(서강대 교수, 두레교회 장로)

예배에 대하여 관심이 많고 예배를 더 잘 드리고 싶어 하는 사람은 아름다운 사람이요 성숙한 그리스도인이다.

이번에 안 재경 목사께서『예배, 교회의 얼굴』이라는 제목으로 예배학을 아우르는 좋은 책을 세상에 내 놓았다. 참으로 시의적절한 책이다. 우리 신앙인에게 있어서 최고의 사명이 〈하나님을 예배함〉이요 최고의 기쁨도 예배다. 우리는 예배를 통하여 하나님을 기쁘시게 해 드릴 뿐 아니라 우리 자신이 무한한 하늘의 복을 누리면서 큰 은혜를 맛본다. 그럼에도 불구하고 시간이 흐를수록 참된 예배, 성경적인 예배, 삼위 하나님께서 기뻐 받으시는 예배가 희귀해져간다. 상당히 인간적이고, 인간 위주로 하는 예배가 늘어나고 있다. '예배의 올바른 자세'에 대하여 우리 모두 책상 앞에 다시 앉아 공부할 때가 되었다. 정통보수신앙을 가르치는 고려신학대학원을 졸업한 후 화란에서 목회를 하면서 예배의 영광을 온 몸으로 느낀 안 재경 목사님이 심혈을 기울여 이 책을 썼다는 것은 합당한 일이요 자랑스러운 일이다. 한국교회의 예배생활에 크게 공헌할 수 있는 역작이다. 특히 전국의 목회자들과 중직자들, 그리고 신학도들까지 이 책을 〈필독서〉로 삼기를 바란다. 그리하면 한국교회에 놀라운 예배의 부흥이 일어날 것이 틀림없다.

김 철봉 목사 (고신총회장, 사직동교회)

본서는 개혁교회가 깨달은 예배를 설명하면서 예배자가 삼위일체 하나님과 교제하는 공예배의 회복을 도모한다. 저자는 예배 순서를 차분하게 정리면서 이 언약적 교제의 실제와 유익을 보여주려고 애쓴다.

종교개혁은 일차적으로 공예배의 개혁이었다. 개혁자들은 중세 로마교회의 7성례를 거부하고 말씀과 세례/성찬의 성례가 주를 이루는 공예배를 회복하였다. 그러면 예배자는 받은 은혜를 찬송과 기도 등으로 화답하면서 이 세상으로 파송을 받아 하나님의 나라를 건설할 수 있다.

본서는 예배 집례자와 예배자 모두에게 공예배의 중요성을 일깨우면서 하나님의 동역자로서 일상에서 예배적 삶을 살도록 도울 것이다. 아울러 한국교회의 공예배 회복의 밑거름이 되리라 확신한다.

유 해무 박사(고려신학대학원)

들어가면서
: 교회가 제대로 된 얼굴을 가질 때까지

예배가 예배다워야 한다. 어제 오늘 나온 얘기만은 아니다. 한국교회는 신자들이 모여 하는 모든 경건활동에 '예배'라는 타이틀을 붙였다. 하지만, 예배다운 예배를 드렸다는 느낌을 받지 못하고 있다고 불평들이 많다. 신자들이 주일의 공예배는 최소한의 의무라고 생각하고 그 예배가 끝나고 나서 이루어지는 다양한 교회활동들에 더 관심이 많지 않은가? 예배에서 채우지 못한 갈급함을 각종 집회나 산기도 등을 통해 채우려고 하지 않은가? 그런 열심마저도 이제는 사라지고 있지만 말이다. 이런 상황의 반영이기라도 하듯 '예배에 목숨을 걸라'는 선정적인 구호도 나돌고 있다.

예배를 신자 개개인이 은혜 받아야 하는 도구로 생각한다든가, 예배를 전도의 방편으로 적극적으로 활용해야 한다고 주장이 잘못된 생각일까? 외부로 눈을 돌려 보면 최근 들어 세계교회협의회(WCC)의 영향으로 예배갱신 붐이 전 세계적으로 불고 있다. 다양한 교파의 교회를 하나되게 할 수 있는 길은 오직 예배의 통일에 있음을 그들은 간파했다. 이렇게 예배를 통일시키고자 하는 노력으로부터 예배를 경건활동의 방편과 전도의 수단으로 활용하고자 하는 노력에 이르기까지 예배의 진폭이 너무나 넓다. 우리는 예배라는 말에 숨겨져 있는 '공'(예배)이란 말을 우리의 논의의 출발점을 삼고자 한다. 예배가 무엇인가? 더 정확히 묻자면, 공예배가 무엇인가? 예배는 교회의 얼굴이다. 교회 건물과 교회 상징인 십자가가 교회를 대변하고 있다고 할 수 있다. 아니, 그보다는 성도의 삶이 교회를 대변한다고 하는 편이 더 낫겠다. 하지만 사실 교회가 교회의 모습을 이 세상에 드러내는 곳은 예배의 자리이다. 교회는 예배를 통해 온 세상을 향해 자신의 정체성을 드러낸다. 교회는 예배의 요소와 순서를 통해 자신이 삼위 하나님을 어떻게 만났으며, 그 삼위 하나님과 어떻게 교제하는지를 하나의 분명한 논리와 흐름을 가지고 고백한다. 예배에 성경과 신학과 고백이 녹아있다. 개혁신학을 지향하는 교회는 좌로나 우로나 치우치지 말고 개혁신학에 걸맞는 얼굴을 가져야 한다. 우리는 새로운 길을 찾아나서기보다 공교회에 속한 우리 믿음의 선배들이 고백하고 표현했던 예배방식을 우리 상황에 맞게 아름답게 재현해 보자. 우리는 개혁자들이 그러했듯이 예배를 통해 개혁신앙의 얼굴을 제대로 가질 때까지 삼위 하나님의 지혜를 구하며 나아가고자 한다.

1) 교회는 예배공동체이다

교회를 공동체의 관점에서 접근하는 이들이 많다. 교회를 굳이 공동체라고 불러야 한다면 어떤 공동체라고 부르는 것이 좋을까? 교회는 가르치는 학교의 모습도 있다. 친교도 있다. 사회를 위해 다양한 봉사도 한다. 교회는 이 모든 것을 넘어서 하나님을 예배하는 공동체이다(출 3:12; 말 3:18; 계 7:15). 교회는 믿는 이들이 모여서 자신들의 목적을 이루고자 세운 자발적인 결사단체가 아니다. 교회는 오직 위로부터 내려주신 선물이다. 사람의 모임이기 전에 하나님께서 위로부터 베풀어주시는 은혜의 방편으로 세워졌다. 은혜의 방편은 예배를 통해서 주로 나타난다. 교회는 예배를 통해서 자신의 모습을 이 세상 가운데 드러낸다. 어떤 예배냐도 중요하겠지만 원칙적으로 예배가 있는 곳에 교회가 있다. 교회는 하나님을 예배하는 공동체이다. 이 예배에서 다른 모든 교회의 활동들이 파생되어 나온다. 예배는 교회의 여러 활동들 중의 하나가 아니라 교회의 전부이다.

2) 개혁의 예배는 언약적이다

개혁교회 예배는 언약적이다(창 17:1-2; 출 6:7; 민 15:41). 하나님께서 자기 백성들에게 찾아와 주셔서 맺으신 언약은 세상 사람들이 맺는 계약과 질적으로 다른 성격을 가지고 있다. 세상의 모든 계약은 두 당사자가 자발적으로 맺는다. 하나님이 자기 백성과 맺은 언약은 하나님의 일방성이 두드러진다. 하나님께서 일방적으로 자기 백성을 부르시고 그들과 더불어 언약을 맺으신다. 언약을 맺은 후에는 두 당사자가 수행해야 할 의무가 있다. 하나님 편과 그 백성 편에서 각각 언약의 요구에 신실하게 반응해야 한다. 개혁교회의 예배 요소와 순서에는 이 언약의 일방성과 쌍무성이 분명하게 드러난다. 예배순서 하나 하나에 언약적인 요소가 면면이 녹아 있다. 예배 요소와 순서를 통해 하나님께서 자기 백성을 찾아오시는 부분들과 찾아오시는 하나님께 그 백성이 반응하고 그 분과 교제하는 모습이 분명하게 드러난다. 교회는 하나님으로부터 먼저 받고, 그 다음에 하나님으로부터 받은 것을 하나님께 올려 드린다. 기독교의 예배는 다른 모든 종교들의 예배와 구별되는 언약적, 은혜적 성격을 지니고 있다.

3) 공예배는 언약갱신예식이다

출애굽의 역사는 정치적인 해방을 보여준다기 보다 언약백성의 예배를 잘 보여준다. 하나님께서 이스라엘 백성을 출애굽 시키시고 그들을 가장 먼저 인도한 곳이 시내산이다. 하나님께서는 그 곳에서 이스라엘 백성과 언약을 맺으셨다. 모세는 신명기에서 이 시내산에서의 모임을 하나님께서 '모으라'고 하신 명령에서부터 출발했다고 밝힌다(신 4:10). 바로 이 '모으라'는 말에서 회중이라는 용어가 나왔고 나중에는 '교회'로 번역되기도 한다. 하나님께서 자기 백성을 모으라고 하시니 비로소 하나님의 백성들이 하나님을 예배하는 회중이 될 수 있었다. 하나님께서는 다양한 제사제도며 율법 등을 주셔서 하나님의 백성들이 지속적으로 하나님을 예배하도록 하셨다. 이후로 구약교회는 역사의 중요한 기로에서 언약갱신예식을 지속적으로 치렀다. 우리는 매 주일의 공예배가 이렇게 언약을 갱신하는 예식이라고 본다. 공예배는 개인적인 경건활동이 아니라 하나님의 백성들이 그리스도의 몸을 이루어서 하나님께 나아가는 공적인 활동이다. 이 예배 자리가 곧 하나님과 처음으로 맺은 언약이 지속적으로 갱신되는 은혜로운 자리요, 교회가 하나님의 회중으로 계속해서 남아있을 수 있는 근거가 된다.

4) 공예배는 삼위 하나님과의 공적인 교제의 자리이다

우리가 믿는 하나님은 단일한 하나님이 아니라 삼위일체 하나님이시다. 우리의 예배는 삼위일체 하나님과의 교제를 분명하게 드러내야 한다(요 3:23-26, 롬 8:9). 우리의 예배가 유대교의 예배, 그리고 이슬람의 예배와 다른 이유가 여기에 있다. 미국에서 유행하고 있는 유니테리어니즘(단일신론. 삼위일체를 부정하는 이론)을 생각해 보자. 우리의 예배가 그런 예배와 얼마나 다를까를 생각해보면 반성할 부분이 많을 것이다. 성부 하나님 중심의 예배가 대부분이지만 성자를 통하지 않고서 우리가 성부를 어떻게 알고 예배할 수 있겠는가? 성자 예수 그리스도에 대해서 강조하지만 그 강조가 도덕적인 구호에 그쳐 버린다면 어떻게 성령의 역사를 경험할 수 있겠는가? 성령 하나님께서 행하시는 강력한 기적과 은사에 치우친 예배가 어떻게 성부께 영광을 돌리고, 성자를 드러내는 예배가 될 수 있겠는가? 역설적이게도 로마가톨릭 미사가 도리어 삼위일체 하나님에 대해 고백하는 순서들을 많이 가지고 있다는 사실에 주목해야 하겠다.

5) 예배는 그리스도의 몸이 우뚝 서는 시간이다

예배는 교리와 더불어 교회의 하나됨을 위한 필수요

소이다(시 133:1-3; 요 17:21; 계 5:9-10). 예배가 개별 회중이나 각 지역의 필요를 채우기 위해 예배 요소와 순서를 조금씩 변형할 수 있는 여지가 있지만 그렇다고 하나님과의 교제의 자연스러운 흐름을 무시하고 효과에 기대어 인위적인 순서들을 아무렇게나 넣어도 되는 것은 아니다. 예배를 통해 교회의 하나됨을 확인하기 힘든데 다른 무엇을 통해 하나됨을 확인할 수 있겠는가? 교단의 신자들이 사업상, 그리고 특별한 사유로 인해 타 지방으로 출타했을 때에 같은 교단 교회의 예배에 참석했다고 생각해 보자. 그 교회의 예배에 참여하면서 그 교회와 하나임을 느낄 수 있을까? 우리는 교회 정치적으로는 장로정치를 지향하는 장로교회, 신학적으로는 개혁신학을 표방하는 개혁교회임에도 불구하고 타 교단 교회들과 하나도 다르지 않은 교회임을 드러내는 일에 더 신경을 쓰고 있지는 않은가? 개혁교회, 개혁신앙의 하나 됨을 구현할 수 있는 예배의 요소와 순서를 확정할 필요가 있다.

6) 개혁교회는 '모든 것을 질서있게 하라'는 말씀에 주목했다

교회역사를 보면 예배 요소와 순서를 고정하는 것을 반대하는 흐름이 늘 있어 왔다. 예배 요소와 순서를 확정하는 것은 성령의 역사를 무시하는 처사라고 보는 흐름이다. 정말 그런가? 성령의 즉석 역사를 강조하는 퀘이커파나 지방교회와 같은 곳에서도 매 주일마다 예배 요소와 순서를 바꾸지는 못할 것이다. 그들도 최소한의 예배 요소와 순서는 확정해 놓고 있게 마련이다. 우리는 예배 요소와 순서를 확정해야 하지만 예배에서 성령께서 자유롭게 역사하시도록 배려해야 한다. 예배가 아무리 하나의 일관된 흐름을 가지고 물 흐르듯이 흘러간다고 하더라도 성령께서 역사하지 않으시면 아무런 소용이 없다. 반면에 예배가 무질서해서는 안 된다. 대륙의 개혁교회가 그들의 교회정치를 만들면서 가장 중요하게 생각했던 성경구절이 바로 "모든 것을 품위있게 하고 질서있게 하라"(고전 14:40)는 말씀이었음을 주목하자.

7) 장로교회의 예배원리는 '규범적 원리' 속에 녹아 있다

장로교 예배원리는 잉글랜드의 청교도들이 중심이 되어 모인 웨스트민스터 총회를 통해 나타났다. '규범적 원리'(Regulative Principle)가 그것이다. 이것은 '오직 성경'의 원리를 예배에 적용한 것이다. 한마디로 말하자면 '성경에서 적극적으로 명하지 않는 것은 금지'한다는 원리이다. 이것과 맞서고 있는 원리는 '성경에서 금하지 않는 것은 허용'한다는 원리이다. 웨스트민스터 총회는 오랫동안의 논의를 거쳐 공예배지침(The Directory for The Publick Worship of God)을 만들었다. 이 예배지침은 예배모범이 아니라 말 그대로 예배에 관한 최소한의 요소를 규정했다. 예배의 순서를 구체적으로 규정한 것이 아니다. 영국국교회의 기도예식서와 비교해보면 그 차이가 분명하게 드러난다. 청교도들은 예배순서를 고정시키기를 원치 않았다. 예배지침은 지역의 관습이나 현재의 필요성 등을 충분히 고려하기 위한 목적을 지니고 있다. 예배의 표준이나 통일로 규정한 것이 아니라 하나의 예로서 권장되었을 따름이다. 이때 논쟁이 되었던 것은 어떤 요소를 '예배의 요소'로 볼 것인가, 아니면 '예배의 환경'으로 볼 것인가 하는 것이었다.

8) 모든 직분은 예배를 섬기기 위해 세워졌다

개혁신학은 하나님이 직분을 통해 교회를 다스리신다고 믿는다(엡 4:11-12). 개혁교회는 신자들이 직분자들의 인도를 받아 주의 거룩한 몸을 이루어서 하나님께 공식적으로 나아가는 것을 예배로 본다. 장로교회는 감독제처럼 사제(신부)만 보이는 예배를 반대한다. 그렇다고 회중교회처럼 회중이 중심이 된 예배도 동의하지 않는다.

예배 속에 모든 직분자들의 직분 사역이 분명하게 드러난다. 모든 직분자들을 예배에서 다같이 협력한다. 이렇듯 직분자들이 총출동(?)함으로써 예배는 하나님과의 친교뿐만 아니라 그리스도의 구속사역을 온전하게 드러낸다. 이렇듯 모든 직분은 일차적으로 예배를 위해서 부름 받았다. 목사는 예배전체를 인도하는 인도자, 그리고 말씀 선포자, 더 나아가 기도 인도자이다. 장로는 예배를 보호하는 역할을 하는데 설교에 이단 사설이 들어오지 못하도록 감독하고, 성찬상을 악한 자로부터 보호한다. 집사는 예배를 단정하게 드리도록 돌아볼 뿐만 아니라 헌금을 포함한 긍휼의 사역(구제)을 관장한다. 이렇게 모든 직분 사역은 예배를 섬기고 있다. 예배를 통해 자신의 직분 사역을 확인하지 못한 직분자들은 다른 각종 활동을 통해 자신의 위치를 확보하려고 할 것이다.

9) 개혁은 신자들의 덕을 세우는 것을 무시하지 않는다

장로교회의 예배가 언약적임에도 불구하고 목사 개인의 원맨쇼처럼 보이기도 한다. 교인들의 참여를 배제한 채 목사 한 사람이 로마가톨릭의 사제처럼 홀로 예배를 이끈다는 느낌이 강하다. 예배 요소와 순서를 지나치게 고정시킨 것도 이런 인상에 한 몫을 했을 것이다. 예배는 언약적이다. 그래서 하나님을 향한 상향운동과 하나님의 백성을 향한 하향운동으로 이루어져 있지만 예배에서 성도들끼리 서로 나누는 것도 있다. 예배에는 서로 덕을 세움도 있다(고전 14:26). 공예배이기에, 신자들이 그리스도의 몸을 이루어서 하나님께 나아가기에 서로를 바라보는 것만으로 얼마나 감사한지 모른다. 한 주간 동안 세상을 살 때는 혼자인 것 같았고, 고독 가운데 몸서리칠 때도 있었지만 나와 같은 신자들이 그리스도의 한 몸을 이루어서 하나님께 나아가니 얼마나 감격스러운 것인가? 예배할 때 오직 하나님만 바라보라고, 곁눈질하지 말라고 하기보다 예배 시작부터 마음으로 서로를 바라보라고 해야 한다. 개혁교회의 예배는 언약적이기에 철저하게 삼위 하나님께 영광을 돌리면서도 신자들을 적극적으로 교훈하는 예배이다. 교훈적이면서도 동시에 송영적인 예배가 언약적 예배이다.

10) 예배의 공적인 성격에 무엇보다 주목해야 한다

우리는 청교도의 규정적 원리에 근거한 장로교예배를 물려 받았지만 대륙의 개혁교회 예배전통도 적극적으로 반영할 필요가 있다고 본다. 대륙의 개혁교회는 공적 예배의 중요성을 일찍부터 깨달았기 때문에 예배 요소와 순서를 교단 총회를 통해 논의해 왔다. 예배순서를 첨가하고, 예배순서를 바꾸는 것도 철저하게 신학적인 토론 과정을 거쳐서 확정해 왔다. 이것이 총회지상주의가 되면 언제든지 반대해야만 한다. 그들은 공교회성에 대한 고백을 공적예배의 중요성을 인식하고 실천하는 것으로 표현하고 있다는 점이 중요하다. 한국장로교회는 대륙의 개혁교회 영향보다는 잉글랜드의 청교도들과 신대륙 미국의 회중교회의 영향을 더 많이 받았기 때문에 예배요소와 순서를 개 교회 당회의 소관사항으로 돌리고 있다. 개 교회적으로 예배순서를 마음대로 조정하는 길을 터 준 셈이다. 이런 조처가 교회의 하나됨에 대한 심각한 장애로 작용하지 않는지 생각해 볼 일이다. 우리는 공예배가 말 그대로 교회의 공적인 일임을 재고하는 것이 바람직하다고 본다.

공예배순서(예)

하나님이 부르십니다(God calls us)

- ⬆ 예배로의 부름(시 124:8)
- ⬇ 기원(롬 1:7; 계 1:4-5)
- ⬆ 신앙고백(사도신경, 니케아신경)
- ⬆ 영광송

하나님이 용서하십니다(God cleanses us)

- ⬇ 십계명(출 20:2-17; 신 5:6-21)
- ⬆ 공적 회개
- ⬇ 사죄선언(히 7:24-25; 요 3:16; 딤전 1:15; 행 10:43; 요일 2:1-2)
- ⬆ 감사송
- ⬆ 대표기도

하나님이 말씀하십니다(God instructs us)

- ⬇ 성경봉독
- ⬆ 조명을 위한 기도
- ⬇ 설교
- ⬆ 응답송
- ⬇⬆ 세례 (필요시)
- ⬇⬆ 성찬식 (한 달에 한번)

하나님이 보내십니다(God commissions us)

- ⬆ 헌금
- ⇄ 성도의 교제
- ⬆ 마침송
- ⬇ 강복선언(민 6:24-26; 고후 13:13)

⬆ 우리가 하나님께 드림   ⬇ 하나님께서 우리에게 주심   ⇄ 성도 간의 교제

1. 공예배

예배 시간에 대체 무슨 일이 일어나는가?

공예배

– 예배 시간에 대체 무슨 일이 일어나는가?

(전통적인 예전을 중시하는) 예전 씨 우리 개신교회의 예배를 들여다보면 참 혼란스러워요. 출처불명인 순서들을 마구 들여와 예배는 그야말로 누더기가 되어 있다는 느낌이에요. 이런 모습에 염증을 느끼고 성공회나 로마가톨릭 신자가 되는 사람들이 늘어나고 있다는군요. 그나마 다행인 것이 최근에 우리 개신교회 내에서도 예전의 부흥이 일어나고 있다고 하네요. 호들갑들 떨지 말고, 이번 기회에 공교회적인 예전을 회복하는 계기로 삼아야 하겠어요.

(예배에서 자율성을 강조하는) 자율 씨 저도 예배가 중요하다는 생각을 하기는 해요. 하지만 예배가 시대의 흐름에 뒤쳐져 있다는 사실을 인정해야 한다고 생각해요. 예배요소는 얼마든지 우리 상황에 맞게 바뀔 수 있다고 봐요. 그게 바로 바로 토착화 아니겠어요? 예배에 어떤 요소가 들어가야 한다고 명시하고 있는 성경 구절이 있나요? 예배순서는 말할 것도 없고요. 우리는 시대의 흐름이나 불신자

들의 요청에 적극적으로 부응할 필요가 있어요.

예전 씨 예배는 근본적으로 하나님과 자기 백성의 만남이에요. 개인적인 어떤 경건활동과 대중 집회도 하나님과의 공적인 만남인 예배를 대체할 수 없지요. 예배를 사적인 경건활동의 연장이라는 생각이야 말로 무엇보다 큰 문제예요. 게다가 개신교회는 로마 교회(천주교)로부터 개혁했다고 하지만 서방교회 전체가 안고 있는 합리주의를 벗어버리지 못하고 있지요.

자율 씨 맞는 말이에요. 하지만 직분자들이 예배를 장악해 버렸으니 로마가톨릭과 하나도 다르지 않지요. 우리는 성령 강림 이후에 살고 있으니 그 어떤 것으로도 제약받을 수 없는 너무나 큰 자유를 누리고 있어요. 신자에게 주신 자유가 결코 제약받아서는 안 된다, 이 점이 예배에서 가장 중요한 요소이지요. 이제 직분자들이 과감하게 예배를 교인들의 손에 돌려 주어야 해요.

예배를 무시하는 세태

예배의 중요성을 모르는 신자는 없다. 주일은 예배를 위해 존재하는 날이다. 주일이 아니라도 주중에 이루어지는 개인경건을 돕는 대부분의 프로그램들도 예배라 부른다. 한국의 교인들은 예배의 홍수 속에 살아가고 있다고 해도 과언이 아니다. 예배를 자주 드린다고 문제 삼을 수는 없다. 모이기를 폐하는 이들의 습관과 같이 해서는 안 되기 때문이다(히 10:25). 요는 홍수가 나면 사방은 물 천지이지만 마실 물은 찾기 힘들 듯, 예배가 넘쳐나지만 정작 생명수와 같은 예배는 찾아보기 쉽지 않다는 사실이다. '예배에 목숨을 걸라'는 호전적인 구호가 넘쳐나고 있지만 이제는 예배를 절제(?)해야 하지 않을까?

우리 사회는 사적인 친소관계가 지나쳐서 공공성이 극도로 위축되어 있다. 이처럼 하나님과 그 백성간의 공적인 만남인 공예배가 개인 영혼의 구원과 개인의 신앙생활에 도움을 주는 역할 만을 하고 있다. 하나님의 회중 전체가 함께 하는 예배는 예배 이후의 다양한 교회활동을 하기 위해 후딱 해 치우는 식전 행사 정도로 격하되어 가고 있다. 정작 중요하고 활기찬 교회 일들은 형식적인 예배가 끝나고 나서 이루어진다고 생각해도 되는 걸까? 예배 때의 교인들 얼굴 표정과 예배 후에 교회봉사를 할 때에 얼굴 표정이 너무나 다르니 착각할 만도 하다. 이제 예배는 으레 하는 것이라는 생각이 은연중에 자리 잡게 되었고, 급기야 예배는 무엇보다 예전에 근거한 것이므로 자유로운 성령의 역사를 제약한다는 생각마저 하기에 이르렀다.

예배순서를 고정시켜 놓고 그 순서대로만 진행되는 예배는 닫혀 있는 예배일까? 소위 '열린 예배'라는 용어가 생겨났다. 무엇을 향해 열려 있다는 말일까? 세상을 향해 열려 있다는 말인가 보다. 신자들 자신들만 즐기는 (?) 예배여서는 안 되고 온 세상을 향해 열려 있어야 한다는 주장이다. 예배의 자리에 불신자를 적극적으로 초청해야 한다는 생각이라면 큰 문제가 아니다. 문제는 예배가 하나님과 그 백성의 만남임에도 불구하고 세상이 예배의 초점이 되기 시작했다는 것이다. 예배는 세상을 향해 열려있기 전에 하늘을 향해 열려 있어야 한다. 참된 예배는 하늘을 향해 '열린 예배'이다.

신구약의 예배의 차이

예배는 한 순간에 하늘에서 떨어지지 않았다. 각종 종교마다 있는 종교의식도 아니다. 예배는 신을 만나고자 하는 인간의 몸부림에서 나온 인간의 기획이 아니라 자기 백성을 만나주시려는 하나님의 기획이다. 예배는 순수하게 하나님께서 자기 백성에게 내려주신 하늘의 선물이다. 하나님께서는 아브라함을 부르시고, 이삭과 야곱을 통해 하나님의 약속을 잇게 하신다. 야곱이 이스라엘이라는 이름을 받아 이스라엘 12지파를 형성한다. 이스라엘이 하나님의 백성이 되고, 하나님의 나라가 되었다.

하나님께서는 애굽에서 종살이하고 있던 이스라엘을 구출하여 약속의 땅으로 인도하신다. 출애굽 한 후 가장 먼저 이른 곳이 시내산이다. 하나님께서는 그 시내 산에 강림하셔서 하나님의 백성들을 만나주신다. 하나님께서는 모세에게 명령하셨다.

> "나에게 백성을 모으라. 내가 그들에게 내 말을 들려주어 그들이 세상에 사는 날 동안 나를 경외함을 배우게 하며 그 자녀에게 가르치게 하리라."(신 4:10).

'모으라'는 이 말에서 회중, 총회라는 말이 나왔다. 젖먹이부터 노인에 이르기까지 모든 세대를 다 하나님 앞에 모으라고 하셨다. 하나님 앞에 모인 모든 이스라엘은 이제 '하나님의 회중, 하나님의 총회'가 된다. 이 모임, 회중, 총회, 심지어 대회라는 말이 70인역에서는 '교회'라는 말로 번역된다. 이 '모으다'라는 말에서 예배라는 말이 나오기까지 했다. 그렇다면 교회는 하나님 앞에 모인 회중이요, 하나님의 총회는 곧 모든 세대가 다 같이 하나님을 예배하는 모임이다.

'예배 때 어떤 일이 일어나는가?'라는 물음에 우리는 무엇이라고 답할 수 있을까? 히브리서 12장에 구약교회와 신약교회, 구약의 예배와 신약의 예배의 차이를 기록하고 있다. 구약교회는 만질 수 있는 시내산에 이르렀다. 그 곳에는 불붙는 산과 흑암과 폭풍, 그리고 나팔소리가 진동하는 곳이다. 그런데 신약교회가 이른 곳은 만질 수 없는 곳이다. 그 곳은 시온산과 예루살렘이다. 약속의 땅이 아닌가? 그렇다면 광야와 약속의 땅의 대조인가? 시내산과 시온산의 대조인가? 아니다. 신약교회가 이른 곳은 이 땅이 아닌 살아계신 하나님의 도성, 하늘의 예루살렘이다. 신약교회가 예배하면서 도달한 곳은 이 지상의 어떤 곳이 아닌 하늘이다. 히브리서 기자는 신약예배에 대해 시들해져 있던 유대 기독교인들 향해 그리스도께서 몸을 찢어서 열어 놓으신 길을 통해 하늘을 맛보라고 권면한다.

예배는 공적인 활동

교회가 자발적인 결사단체가 아니듯이 예배는 교인들의 자발적인 헌신행위가 아니다. 예배는 주일에 신자들이 모여 그리스도의 몸을 이루어 하나님께 나아가는 것이다. 예배는 신자 개개인의 경건활동의 총합이 아니다. 예배는 교회, 즉 주님의 몸 전체가 이루어내는 조화이다. 그리스도의 몸이 우뚝 서는 곳에 예배가 있다. 직분자가 주도하고, 교인들은 구경만 한다면 이는 예배가 아니다. 예배의 인도자는 예수 그리스도시다. 하나님의 회중은 참 신자요, 참 직분자이신 예수님의 인도로 하나님을 예배한다. 그리스도의 은혜와 하나님의 사랑과 성령님의 교통으로 비로소 예배를 드릴 수 있게 된다.

주일에 신자들이 모여서 하나님께 드리는 예배는 사적인 경건의 활동과 차원을 달리 한다. 예배는 사적인 경건활동에 부가된 악세사리가 아니다. 예배의 유익은 개인적인 경건활동으로 충족되지 못한 은혜를 군중(?) 속에서 누리는 정도가 아니다. 예배의 유익은 하나님의 백성들이 처음부터 끝까지 모든 것을 함께 하는 공적인 활동이라는 사실에 있다. 예배를 통해 우리는 하나가 된다. 세상에서 살 때는 외로웠지만 예배를 통해 우리는 혼자가 아님을 확인한다. 그래서 그 예배를 '공예배'라고 부른다. 예배하면서도 다른 신자들과는 상관없이 홀로 수도하듯이 하나님의 은혜를 받으려는 태도는 예배에 대한 심한 오해에 기인한다.

우리는 예배할 때 오직 하나님께 예배해야 하지만, 동시에 오직 하나님께서 원하시는 방식대로 예배해야 한다. 십계명의 제1계명과 제2계명의 차이가 바로 이것이다. 제1계명은 하나님만을 예배하라는 계명이요, 제2계명은 하나님께서 요구하시는 방식대로만 예배하라는 계명이다. 이렇게 이해해야만 우상을 숭배하지 말라는 제2계명은 불신자들을 향한 말씀이기 이전에 하나님의 백성들을 향한 계명임을 알 수 있다. 하나님의 백성들이 자신들이 원하는 방식대로 하는 예배가 곧 우상숭배이다.

예배의 요소와 순서를 정할 때에 신중을 기해야 한다. 예배는 사적인 경건활동이 아니라 교회의 공적인 활동이기 때문이다. 예배는 개 교회의 문제에 국한된 것이 아니라 전 교회적인 문제이다. 우리는 개 교회의 차원을 넘어 교단 총회가 예배 문제를 다루어야 한다고 본다. 개 교회에 맡겨서 자유롭게 정하도록 방치해서는 안 된다. 총회는 예배요소뿐만 아니라 순서에도 우리의 신앙고백이 철저하게 반영된 예배를 기획해야만 한다. 예배는 온 세상을 향해 나타나는 교회의 얼굴이다. 교회가 엉망이 된 얼굴을 그대로 둬서야 되겠는가?

예배의 질서와 자유

하나님께서는 하나님의 총회가 공적으로 당신을 만날 수 있는 길을 주셨다. 그 길을 무시하고 사사로이 하나님을 만나려 한다면, 그야말로 하나님을 무시하는 셈이다. 이 세상에서 외롭게 살던 신자는 주일에 공예배에 참여하므로 천상의 실제를 누린다. 주일에 신자들이 모일 때 천상의 실체가 이 땅에서 현실이 된다. 신자는 그리스도와 함께 십자가에 못 박혔고, 그리스도와 함께 살아났고, 그리스도와 함께 하늘에 올랐고, 그리스도와 함께 하늘에 앉혀졌다는 말씀(엡 2:5-6)이 주일에 신자들이 모일 때 현실화된다.

하나님과 그 백성의 공식적인 만남이 예배이기에 예배는 그 어떤 행사보다 질서가 있어야 한다. 사도 바울은 고린도전서 14장에서 이것을 다음과 같이 요약했다.

"모든 것을 품위있게 하고 질서 있게 하라."

하나님께 영광이 되는 방식으로서 예배가 기획되어야 한다는 말이다. 예배에 참여한 신자들이 얼마나 큰 은혜를 받도록 할 것인가가 핵심이어서는 안된다. 예배에 참여한 불신자에 큰 유익과 감동을 주는 것이 예배의 목적일 수도 없다. 예배는 하나님의 백성과 하나님과의 만남에 초점이 맞추어져야 한다.

예배는 전통적이어야 할 뿐만 아니라 진보적이기도 해야 한다. 예배가 전통적이라 함은 예배가 인간의 기획

품이 아니라 하나님의 작품이기에 하나님께서 원하시는 방식대로 예배해야 한다는 의미이다. 한편 예배가 진보적이어야 한다는 말은 예배가 얼마든지 개선될 수 있고, 얼마든지 새롭게 될 여지가 있다는 뜻이다. 혁명적인 방식의 파괴를 말하고 있지 않다. 예배의 요소와 순서에 대한 논의는 완결되지 않았다. 우리가 아무리 예배를 잘 드린다고 하더라도 부족할 수밖에 없다. 예배는 얼마든지 진보할 수 있다. 신자가 예배에 기여할 수 있는 부분이 상당히 많다. 하나님과의 만남은 신자에게 큰 자유를 준다. 신자는 하나님의 말씀 외에는 그 무엇으로부터도 자유롭다.

2. 신자들의 준비

예배 준비,
어떻게 할까?

신자들의 준비
- 예배 준비, 어떻게 할까?

자율 씨 교회는 시대 사조를 역행하고 있어요. 전 세계적으로 평등이 대세를 이루고 있는데 교회만 딴판이에요. '직분'이라는 말 자체를 없애야 하지 않을까요? 교회는 예배당 좌석에서마저 차등을 두고 있지요. 회중석과 구별된 성가대석이 따로 있지 않나, 심지어 장로들을 위한 좌석이 따로 있기도 하고요. 이렇게 좌석의 구별을 두는 것은 큰 잘못이지요. 하나님의 한 회중을 나눠도 되는 겁니까?

예전 씨 오해가 있네요. 권위 자체를 무시하는 시대 사조를 따르는 것은 좋지 않아요. 예수님도 개인의 노력으로 구원을 이룬 분이 아니라 하나님의 직분자였으니까요. 예배당 좌석에 차등을 둔다는 말을 했는데요, 그것은 예배를 인도할 직분자들의 위치를 인정하는 것이지요. 예전처럼 남녀석을 구별한다든지, 사회적인 저명인사를 위해 좌석을 따로 마련해 두는 것이야말로 좌석에 차등을 두는 거지요.

자율 씨 그럼, 예배하기 직전까지 신자들이 뭘 해야 할까요? 저는 예배 전에 예배 준비라는 명목으로 요란하게 악기를 동원해서 찬송하는 것을 끔찍이도 싫어하는데요. '준비 찬송'이라는 말도 귀에 거슬리고요. 인도자를 무시할 수 없어서 2-30분 따라 부르고나면 진이 빠져 버려요. 그러면 예배고 뭐고 다 싫어요. 각자가 조용히 기도하도록 내버려두면 좋지 않을까요?

예전 씨 개인적으로 은혜받기 위해 조용히 기도하는 것이 제일 좋겠다고 했는데 좋은 지적이네요. 하지만 개인적으로 조용히 기도하면서 은혜 받게 해 달라고 기도하는 것으로는 부족하다고 생각해요. 그런 기도는 각자가 집에서 하고 와야지요. 예배실에서의 예배준비는 사적이어서는 안 된다고 봅니다. 하나님의 회중과 함께 공적으로 하나님을 만날 준비를 하고 있다는 의식이 무엇보다 중요하지 않을까요?

예배실에 오기 전까지의 준비

신자는 예배를 어떻게 준비해야 할까? 예배실에 와서 기도하면서 예배를 준비한다면 너무 늦다. 예배 준비는 주일 아침에 각 가정에서부터 시작해야 한다. 아니, 주일 아침에 예배를 준비해도 너무 늦다. 주일예배 준비는 토요일부터 시작해야 한다. 늦어도 토요일 저녁에는 가족들이 식탁에 둘러앉아 주일을 위해 기도하자. 주일에 온 성도들이 다 같이 하나님 앞에 모일 일을 생각하면 얼마나 감격스러운가? 주일 예배를 통해 하나님의 백성들이 함께 하나님께 나아가 하나님을 만나게 해 주심을 감사하는 기도를 해야 하지 않겠는가. 그리고 예배를 통해 분명하게 드러날, 하나님께서 세우신 직분자들의 직분 사역을 위해서도 기도해야 한다.

이렇게 기도하고 기대감을 가지고 잠자리에 들면 주일 아침이 얼마나 기다려지겠는가? 하지만 각 가정의 주일 아침 모습이 어떠한가? 토요일 늦게까지 다들 뭘 하느라고 그랬는지 주일 아침에는 일찍 일어날 줄을 모른다. 식구들을 깨우는 것이 일이다. 식구들을 깨우고 씻고, 모여서 아침을 먹기까지 거의 전쟁을 방불할 정도이다. 겨우 챙겨서 교회로 향할 때쯤에는 다들 지친 기운이 역력하다.

요즘에는 주일아침에 이런 전쟁마저도 없어져 간다. 가족들이 한 교회에 출석하고 같은 장소에서 예배하는 모습이 더 이상 당연지사가 아니다. 온 가족이 같은 교회에서 신앙 생활하는 경우에도 예배가 몇 부나 있다. 자녀들과 부모들이 같은 시간, 같은 장소에서 예배하하지 않으니 가족이 같이 움직일 이유가 없다. 심지어 남편과 아내가 다른 교회에 출석하기도 한다, 자녀들이 다른 교회에 출석하는 경우도 비일비재하다. 이렇게 부모와 자녀가 따로 예배하는 모습은 신자가 한 언약백성으로 부름받았음을, 신자의 가정이 언약가정으로 부름 받았음을 고백하는 데 가장 큰 장애가 되고 있다.

예배실에 들어가는 과정

예배당에 어느 정도 일찍 도착해야 할까? 예전에는 최소한 30분 전에 예배당에 도착하자는 말들을 많이 했다. 유럽 교회들 같은 경우에는 예배당 문을 일찍 열지 않는다. 재미있는 모습이다. 일찍 예배당 마당에 도착한 신자들은 길게 줄을 늘여 서서 예배당 문이 열리기를 기다린다. 날씨가 좋을 때는 문제가 되지 않겠지만 날씨가 궂을 때는 문제가 되지 않겠는가? 하지만 비나 눈이 오는데도 불구하고 피하지 않고 예배당 마당에 길게 줄지어 서서 종소리가 울리면서 예배당 문이 열리기를 기다리는 모습이야말로 참으로 아름다운 장면임에 분명하다.

예배당 문이 열렸다면 곧장 예배실로 들어가 자리를 잡을 수 있다. 예배실에 들어서는 순간부터 우리는 다른 신자들을 의도적으로 무시하기도 한다. 예배실에서는 되도록이면 다른 신자들과의 대화는 삼가고 개인적으로 조용히 하나님께 기도하는 것이 좋다는 말을 많이 들었기 때문이다. 예배는 하나님과 나 자신의 개인적인 관계이기 때문에 이것에 집중해야 한다는 것이다. 그런데 마당이나 복도를 통해 예배실로 곧장 들어가 조용히 기도하면서 예배를 준비하는 것이 바람직할까?

예배실 앞에 예배준비실을 만든 교회들이 있다. 예배준비실을 통해 예배실로 들어가도록 설계를 했다. 이 예배준비실은 신자들이 친교할 수 있는 장소이다. 예배는 각자가 자신의 경건을 하나님께 내보이는 시간이 아니라 그리스도의 몸이 하나 되어 하나님 앞에 나아가는 시간이다. 그렇다면 신자들이 인사를 나누며 잠시라도 교제하는 시간을 가진다면 공예배를 제대로 이했다고 할 수 있다. 예배당 구조상 불가능할 수도 있다. 하지만 명심하자. 우리가 예배할 때에 단독자로서가 아니라 하나님의 회중으로 하나님께 나아간다는 사실을.

예배실의 좌석

신자들이 그리스도의 한 몸이 되어 하나님께 나아간다는 사실을 마음 속에 새기면서 예배실에 입장한다.

어떤 자리에 앉아야 할까? 한국 교회는 예전에 남녀칠세부동석이라는 사상 때문에 남자석과 여자석을 지정했다. 심지어 예배실 구조를 기역 자로 만들어서 예배실 입구가 달랐고 남녀는 예배 때 서로를 보지도 못했다. 기역 자가 꺾이는 지점에 강대상이 있었기에 예배 인도자는 그곳에 서서 남자석을 보았다가 여자석을 보았다가 하면서 예배를 인도했다.

예전에는 예배실 좌석에 차등이 있었다. 계급사회에서는 당연한 일이었을지도 모른다. 종교개혁 이후에도 개혁한 교회는 국가교회인 경우가 많았기 때문에 예배당에 특별좌석을 두기도 했다. 대도시의 거대한 예배당 같은 경우에는 신자들이 헌금하여 건축한 건물이 아니라 정부나 시의회에서 거액의 예산을 들여 건축했다. 그렇기에 목사의 설교단과 마주하고 있는 제일 좋은 자리에 덮개까지 씌운 화려한 좌석을 만들었는데 이 자리는 왕이나 귀족들 그리고 시의회 의원들이 차지했다. 이런 특별석은 세월이 흐르면서 차츰 사라져갔다. 예배실에 특별석을 두는 것은 믿음으로 한 형제가 되었다는 고백과 정면으로 배치되었기 때문이다.

예배실에 지정석을 두어야 할까? 교회회원이 아닌 손님을 위해 좌석을 따로 마련해 놓아야 할까? 초대교회

때는 세례를 받지 않은 학습자는 따로 앉아 예배했을 뿐만 아니라 1부 말씀의 예전이 끝나고 2부 성찬의 예전이 시작될 때에는 학습자를 교회에서 내 보내었다. 종교개혁 이후에 유럽에서는 교인들이 늘어가면서 예배실 좌석이 부족하게 되자 교회 좌석을 사는 일이 벌어지기 시작했다. 제일 좋은 좌석은 비싸게 팔리고, 그렇지 못한 좌석은 그보다 낮은 가격에 팔렸다. 이렇게 팔린 좌석은 다른 사람이 앉을 수 없었다. 공연장이나 콘서트홀을 생각해 보라. 무대에서 가까울수록 비싼 자리다. 특별석 같은 경우에는 가격이 일반석에 비해 엄청나다. 그렇게 큰 금액을 지불하고서도 그런 좌석을 차지하려고 하는 이들이 있기 때문이다. 콘서트 홀 좌석과 예배실 좌석을 같은 차원에서 매매하고 임대하다니! 이는 기도하는 하나님의 집을 장사하는 집으로, 강도의 소굴로 만들었다고 생각할만하다.

현실적인 문제도 있었다. 로마교회가 사용하던 크고 넓은 예배당을 물려받았을 경우에 말이다. 필자가 네덜란드에서 한인교회를 목회할 때의 일이었다. 현지교회의 건물을 빌려서 예배를 드렸는데 교회당 건물을 마련하려고 위원회를 구성하고 알아보았다. 화란은 국가유적관리위원회가 있는데 오래된 교회건물 등을 관리한다. 교회건물이 국가의 유적이었다. 교인들도 없고 그 거대한 건물을 유지할 수 없으니까 팔 수 밖에 없는 처지였다. 그 위원회는 교회 건물을 허물고 아파트나 상가를 지으려고 하는 건축 회사들에게 비싼 값으로 팔기보다는 그 건물을 그대로 유지하겠다고 하는 단체만 있다면 1유로에라도 팔려고 했다. 하지만 우리 교회로서는 공짜라고 해도 그런 건물을 살 수 없었다. 건물유지비용이 1년에 수십만 유로가 들기 때문이다. 상황이 이렇다면 좌석을 팔아서라도 교회건물을 유지해야 할 것이 아니겠는가?

예배 준비의 다양한 모습들

예배실에 좌석을 잡고 앉았다면 예배가 시작될 때까지 어떻게 예배를 준비하면 좋겠는가? 예배실에 일찍 입장할수록 예배가 시작될 때까지의 시간이 길기 때문에 그 동안에 무엇을 해야 하는가가 문제가 될 수밖에 없다. 교인들 각자가 알아서 시간을 보내면 되는 것일까? 교회 역사를 살펴보면 대충 세 가지 정도의 준비가 있었다.

1. 기도

하나는 가장 흔한 방법인데 교인들이 개인적으로 조용히 기도하면 된다. 예배실에 앉아서 비로소 예배를 위해 기도한다면 너무 늦다. 그럼에도 불구하고 예배를 준비하는 기도를 막아서야 되겠는가? 유럽의 경우에는 여자들 같은 경우에는 앉아서 기도를 했지만 남자들 같은 경우에는 서서 기도했다. 서서 기도하는 이들은 흔히 소리를 높여서 기도한다. 예배실에 늦게 입장한 신자들은 자리를 잡기 위해 기도하는 사람들을 비집고 들어가기도 했기에 기도 소리와 더불어 예배 준비 시간이 외려 어수선한 분위기가 연출되기도 했다.

2. 찬송

기도 말고는 찬송을 선호하기도 했다. 우리 한국교회에서도 예배 전에 2-30분 동안의 준비 찬송을 흔히 볼 수 있다. 요즘처럼 밴드를 동원하여 시끄럽게 찬송하지는 않았기 때문에 예배 준비로 적절한 모습이었다. 한 주간 동안 집에서나 일터에서 찬송을 하기가 쉽지 않은 상황이었으므로 이 찬송이 예배 준비로서 매우 적절하다 싶다. 하지만 누가 찬송을 인도할 수 있느냐를 한국교회가 그렇게 구체적으로 논의한 적은 없어 보인다. 대개는 교회 직분자들이 맡아서 했는데 찬송을 인도하는 사람은 '몇 장' 하는 말만으로 찬송을 이어갔다. 어떤 경우에는 교인들에게 찬송 몇 장을 하면 좋겠냐고 묻는 경우도 있었다.

3. 성경 읽기

또 하나 예배 준비는 성경읽기였다. 유럽 같은 경우에는 한때 이 방식을 선호했다. 당시에는 글을 읽을 수 있는 사람이 많지 않았기 때문에 교회 밖에서 전문적인 낭독자를 청해 와서 성경읽기를 했다. 이때 읽는 성경 본문은 설교자가 그날 예배에서 설교할 성경본문은 아니었다. 교인들로 하여금 예배를 준비시키기 위한 성경읽기였다. 구약이나 신약에서 자유로이 선택한 성경본문을 읽어갔다. 나중에는 이 성경 낭독을 그 교회의 직분자가 해야 할 일로 인식하기 시작했다.

예배 전까지 수많은 일들이 일어나고 수많은 준비들을 한다. 이 모든 준비는 개인적으로 예배를 잘 드리기 위한 준비가 아니라 그리스도의 몸이 하나된 모습으로 서기 위한 준비이다. 개인적으로 예배를 아무리 잘 준비했다고 하더라도 자신이 그리스도의 몸에 속해서 하나님께 나아간다는 의식이 없다면 결코 제대로 준비했다고 볼 수 없다. 예배 준비는 개인적의 차원의 문제가 아니다. 하나님의 백성들은 처음부터 모든 것을 함께 하기 위해 준비한다.

3. 직분자들의 준비

예배 전에 하는 직분자들의 악수

직분자들의 준비
- 예배 전에 하는 직분자들의 악수

예전 씨 예배를 위해 개인적으로 아무리 준비를 잘 했다고 하더라도 예배가 시작되기 직전의 순간이 참 중요해요. 예배실 안에서 아무리 오랫동안 잘 준비했다고 하더라도 예배는 온 교회가 함께 드린다는 사실을 인식하지 않으면 안되지요. 여기서 회중을 하나로 묶어내는 직분자들의 역할이 중요하겠지요. 직분자들이 회중보다 먼저 예배당으로 와서 모든 준비를 해야 하는 것은 당연하고요. 예배를 위한 환경적인 준비가 다 갖추어졌다면 예배 직전의 긴장감을 잘 활용하는 것이야말로 예배 전체를 좌우한다고 해도 과언이 아니지요.

자율 씨 직분자들이 예배의 시작을 너무 경직되게 만드는 거 아녜요? 자연스럽고 편안한 분위기를 만들어야 하는데 말입니다. 예를 들어 예배를 시작하기 위해서 직분자들이 줄지어 걸어들어오는 모습을 보면 너무 어색하고 참 우스꽝스러워요. 무슨 행진같이…. 행진이 시작되면 회중이 그 자리에서 일어나야 하는 것도 이해가 안 되고요. 그런다고 거룩한 분위기를 만들 수 있나요? 직분자들의 권위를 세우기 위해 중세 로마교회로 돌아가려는 거 같애요. 광대들의 어설픈 몸짓 같기도 하구요. 보기 민망해요.

예전 씨 직분자들의 행진은 예배로 들어가기 위한 하나의 과정에 불과해요. 직분자들의 모든 사명이 예배를 통해 분명하게 확증되지요. 그러니 직분자들은 같이 기도하고 난 다음에 예배를 시작하는 것이 무엇보다 중요하지요. 그 날 예배순서에 자신의 역할이 있느냐 없느냐는 중요하지 않아요. 직분자들은 자신이 부름 받았음을 예배를 통해서 확인해야 하고, 교인들도 직분자들의 모습을 예배를 통해서 볼 수 있어야 하지요.

자율 씨 예배를 직분자 중심으로 보는 것은 합당치 않아요. 직분자들이 정작 해야 할 중요한 일은 예배가 끝난 후 봉사하는 각종 활동에 있지 않나요? 자신의 소명이 오직 예배에 있다는 듯이 집착하는 직분자는 중세교회의 성직자 개념을 고수하고 있는 겁니다.

예배와 직분자

직분은 예배에서 시작된다. 그렇다면 예배가 직분자들이 자기들의 전문성을 자랑하기 위한 자리란 말인가? 신자들의 눈과 귀를 막고 그들을 들러리로 세우는 자리란 말인가? 그럴 리는 없다. 예배는 소위 말하듯이 '굿이나 보고 떡이나 먹으라'고 하는 자리가 아니다. 예배는 직분자들이 자기들만 아는 거룩한 말과 몸짓으로 신이 찾아오도록 매개하는 자리가 아니다. 직분자들의 전문성에 예배가 달려 있지도 않다. 중세 로마교회는 서품을 받은 사제(신부)들이 하나님의 은혜를 담보하고 있다고 믿는다. 하지만 성직자의 집례가 예배를 거룩하게 만들지는 못한다.

구약시대 제사장들의 경우를 생각해 보자. 제사장들이 제사를 독점하고 있었다고 보면 안 된다. 제사장들이 단독으로 제사를 주관하지 않는다. 물론 성소와 지성소에는 일반 레위인들이 함부로 접근할 수 없었고 오직 제사장들만 들어가서 자기들의 직분을 수행했다. 레위인들과 일반 하나님의 백성들은 제사장들이 성전 안에서 뭘 하는지 궁금해 했을 법하다. 하지만 그들은 성경을 통해 제사장들이 하는 일을 잘 알고 있었다. 제사장들끼리만 행하는 비밀스러운 의식이란 없었다. 제사장들은 하나님의 백성들과 함께 제사했다고 보는 것이 온당하다. 제사장들은 하나님의 백성들이 가지고 온 제물이 없이는 제사를 드릴 수 없었다. 하나님의 백성들이 자신들이 가지고 온 제물에 안수하여 죽이고 나면 레위 제사장들이 그 이후의 과정을 주관했다. 제사장들은 하나님의 백성들이 하나님께 올려드리기를 원하는 회개와 간구를 대신하여 올려 드렸다.

예배는 신자들이 그리스도의 몸을 이루어서 드린다. 예배는 신자들이 없이는 이루어질 수 없다. 예배는 신자들의 자기 정화의식이 아니다. 예배에서 하나님이 주신 거룩한 질서를 나타내 보여야 한다. 따라서 직분자들의 직분 사역이 분명하게 드러난다. 교회 직분은 일차적으로 예배를 위해서 세워졌다. 목사, 장로, 집사의 직분이 무엇인지는 예배를 보지 않고서는 알 수 없다. 직분의 모든 의미가 예배 안에서 분명하게 드러난다. 그러므로 예배를 통해 자신의 직분을 늘 새롭게 상기하지 않는 직분은 직분 고유의 역할에서 빗나가기 쉽다. 예배를 떠나서 직분을 행사하려고 해서는 안 되는 이유가 바로 여기에 있다.

직분자들의 기도

예배를 위해 직분자들은 어떤 준비를 해야 할까? 예배 준비라고 하면 예배 장소 준비를 제일 크게 생각한다.

물론 예배실의 청결 여부를 포함하여 음향 시스템이나 조명 등을 잘 준비하지 않으면 예배를 제대로 드릴 수 없다. 하지만 그보다 예배 때 순서를 맡은 직분자들 중심으로 예배를 준비해야 한다. 예배 준비는 모든 직분자들이 한 마음으로 동참해야 한다. 모든 직분 사역의 의미가 예배를 통해 분명하게 드러나야 하기 때문이다. 교인들은 예배를 통해 하나님께서 왜 직분을 세우셨는지를 분명하게 보아야 한다. 신자들은 예배를 통해 교회에 직분을 주신 것이 자신들을 온전하게 하기 위해서라는 사실을 알고 감사하게 된다.

목사는 설교뿐만 아니라 성례의 집례와 기도, 즉 예배 인도를 위해 준비해야 한다. 장로는 대표기도를 위해서만이 아니라 자신들이 영적으로 돌아본 하나님의 백성과 함께 하나님께 나아갈 준비를 해야 한다. 게다가 성찬이 있을 때는 성찬상을 보호하기 위해 일해야 한다. 집사는 단지 헌금을 거두기 위해 존재하지는 않는다. 집사는 긍휼의 사역(구제)을 위해 세워졌기 때문에 하나님의 백성들이 예배를 통해 하나님의 긍휼을 구체적으로 표현하는 데 필요한 모든 일을 다 해야 한다.

예배 직전에 직분자들이 해야 할 일이 있다. 바로 예배를 위한 기도이다. 예배를 인도할 목사와 예배 인도를 위임할 장로와 혹 예배 중 대표기도를 맡는 직분자가 중심이 되어 예배 준비실에 모여 기도한다. 예배 위임! 한국교회에서는 익숙치 않은 말이라, 이 부분을 주목해서 봐야 한다. 개혁파 교회에는 예배 위임의 절차가 있다. 회중을 대표하는 장로가 예배를 목사에게 위임한다. 이 절차를 맡은 장로가 예배를 인도할 목사와 함께 기도한다. 한국교회 관행이라면 대표 기도를 맡은 장로와 목사가 기도하면 되겠다. 이 기도는 신자들과 마찬가지로 직분자 개개인이 예배를 위해 토요일부터, 그리고 주일 아침에 개인적으로 하는 기도와 다르다. 이 기도는 예배 자체를 위한 기도이다. 하나님께서 예배의 모든 순서를 통해 영광 받으시도록 기도한다. 아무리 예배를 위해 잘 준비되었다고 하더라도 하나님께서 긍휼을 베풀어주지 않으시면 예배가 제대로 드려질 수 없다.

목사는 예배 전체를 인도하는 책임을 맡았다. 목사는 설교를 위해서만 부름 받지 않았다. 예배 전체를 인도하기 위해 부름 받았다. 대형교회 담임목사는 주일에 몇 부나 되는 예배를 인도해야 하기에 부목사에게 예배를 인도하게 하고 자신은 설교만 하는 경우가 많다. 이는 옳지 않다. 목사는 힘들어도 예배 전체를 인도해야 한다. 목사가 예배인도를 위해 강단에 등단할 때까지 홀로 조용하게 기도하도록 배려해야 한다고 생각할 수도 있다. 목사가 일찍 강단에 올라가서 무릎 꿇고 기도하는 것이 좋아 보일 수도 있다. 그렇게 기도하는 모습이 경건해 보인다. 하지만 아무리 목사가 예배 전체의 인도자라고 할지라도 예배는 목사 혼자의 일이 아니다. 그러니 목사 혼자 기도만 하는 건 옳지 않다. 예배 직전에 예배 준비실에서 직분자들이 함께 기도해야 한다. 이 기도는 목사 개인의 어떤 기도보다 더 큰 위로와 격려가 될 것이다.

직분자들의 행진

기도가 끝나면 직분자들이 예배당으로 입장한다. 예배 준비실이 예배실 입구 가까이에 있다면 직분자들은 회중석을 가로질러 강단으로 가야 한다. 자연스럽게 회중석을 가로질러 행진하는 형식이 된다. 이것에 착안하여 예배의 시작을 인상적으로 만들기 위해 예배 인도자인 목사가 장로들, 그리고 찬양대를 이끌고 회중석을 가로질러 강단으로 행진하기도 한다. 직분자들이 행진하기 시작하면 오르간 반주자의 반주가 시작되고 모든 회중은 그 자리에서 일어선다. 회중들이 직분자들의 행진을 맞이한다. 강단 앞에 이르면 장로들이 장로석으로 가서 서고, 찬양대가 찬양대석으로 가서 선다. 목사가 강단에 서면 모든 시선이 목사에게 집중된다. 목사는 모든 회중의 시선을 한 몸에 받은 채 예배의 시작을 알린다.

어떤 분들은 이런 행진에 눈살을 찌푸리기도 한다. 눈살을 찌푸리는 정도가 아니라 예배의 가장 큰 타락 중에 하나가 바로 이런 행진이라고 생각한다. 이런 행진은 로마가 기독교를 국교화하고 난 다음에 일어난 좋지 않은 관습이라고 보기 때문이다. 로마 황제가 예배실의 특별좌석에 앉기 위해 회중석 사이를 행진하여 들어오면 모든 회중이 일어서서 황제를 맞이하던 관습이 그 배경이라고 보기 때문이다. 그런데 중세 때는 성당건물이 복합구조가 되면서 황제와 그의 가족들은 회중들이 볼 수 없는 발코니 등에 마련된 특별 좌석으로 바로 들어왔다가 아무도 모른 채 예배당을 떠나는 경우가 많았다. 한편 로마교회에서는 아직도 성직자들이 미사를 위해 장엄한 예복을 입고 향을 흔들어 대면서 회중석을 가로질러 행진한다.

직분자들의 행진이 거북하다면 예배실에 어떻게 입장하는 것이 좋을까? 모든 직분자들이 제자리에 미리 가 있고 목사와 기도 인도하는 직분자도 각자 알아서 예배시간 전에 자기 자리에 가서 앉아 있으면 될까? 모든 회중이 예배가 시작되기를 기다리고 있는데 목사가 갑자기 강단에 나타나기도 한다. 휘장으로 가려놓아서 보이지 않지만 휘장 뒤에 있는 작은 문을 통해 홀연히 목사가 나타난다. 이런 구조는 의도하지 않더라도 신비주의를 조장할 수 있다. 눈을 감고 있는 짧은 순간에 목사가 갑자기 나타나기 때문이다. 그러므로 우리는 예배를 맡은 직분자들이 하나의 유기체로서 예배실에 입장하는 것이 좋다고 본다.

직분자들의 악수례

굳이 모든 직분자가 다 같이 행진할 필요는 없다. 회중석을 가로질러 강단 앞으로 행진하는 직분자는 예배 인도자인 목사와 그 주일 예배를 위임할 장로 두 사람으로 족하다. 개혁파 교회에서는 주일 예배를 위임할 장로가 앞장서고 그 뒤를 예배 인도자인 목사가 뒤따른다. 목사가 장로 뒤를 따르는 것이 이상하게 보일지 모르겠다. 왜 목사가 앞장서지 않는가? 장로교회에서는 목사가 노회 소속이고, 노회로부터 교회를 담임할 것을 위임받는다. 이런 구조에서는 목사가 매 주일마다 예배인도와 설교, 그리고 성례집례를 당회로부터 위임받는 절차를 가질 이유가 없다. 하지만 개혁파교회에서는 목사가 그 교회 소속이고, 그래서 목사는 매 주일마다 당회로부터 예배를 인도하도록 위임받는다(국내장로교회 중 유일하게 합신교단 만 목사가 당회소속이다. 유럽의 개혁파교회의 특징을 박윤선박사가 도입했기 때문으로 보인다). 그래서 장로가 앞장서 간다.

교회 정치구조의 차이를 떠나서 장로가 목사에게 악수를 건네고, 목사가 장로에게 손을 내미는 것은 참 아름다운 모습이다. 이것은 목사가 개인 자격으로 예배를 인도하기 위해 강단에 올라가지 않는다는 사실을 보여준다. 목사는 이 악수례를 통해 큰 위로를 받는다. 강단에 올라가기 직전, 그 시간은 목사에게 있어서 가장 긴장되는 시간이다. 침이 바짝 바짝 마르고 목이 타 들어가고, 손발이 덜덜 떨리기도 한다. 이에 목사는 장로가 건네는 손을 잡으면서 설교를 포함한 예배 인도 전체가 자신의 개인적인 자질과 능력에 달린 문제가 아님을 확인한다. 목사는 하나님께서 맡기신 예배인도의 사명을 잘 감당하라는 격려를 받으면서 감사하게 된다.

회중은 목사와 장로의 행진 자체를 신비한 일인 듯이 바라보지 않는다. 오히려 하나님께서 예배를 인도하고 감독할 직분자단을 주셨다는 사실을 인식한다. 참으로 교회의 하나 됨을 배우는 은혜로운 장면이다. 그 장면을 보는 순간부터 회중은 목사 혼자서 강단에서 모든 일을 다하고 있다고 생각하지 않는다. 목사는 하나님께서 당회에 맡기신 예배 인도를 위임받아 강단에 올라섰기 때문이다. 회중은 예배를 인도하는 목사의 인격에만 주목할 이유도, 목사의 설교에만 목을 맬 이유도 없다. 직분자들의 이 악수례를 통해 예배는 개인적인 경건 활동이 아니라 하나님께서 자기 백성을 공적으로 불러주시는 사건임이 드러난다. 하나님께서 위로부터 내려주신 선물인 직분을 통해 예배의 문이 열리는 장면을 바라보는 이 의식이야말로 얼마나 감격스러운 일인가!

4. 예배로의 부름

누가 누구를 부르는가?

예배로의 부름
- 누가 누구를 부르는가?

자율 씨 예배를 어떻게 시작하느냐는 정말 중요하지요. 개회식이 멋있어야죠. 문제는 예배의 시작이 너무나 천편일률적이라는 것이지요. 교인들은 아무런 기대없이 앉아 있는 경우가 대부분이기에 뭔가 빵 터지는 상황을 연출해도 되지 않을까요? 매 주일마다 그렇게 할 수는 없겠지만 한 번씩 색다른 느낌을 줄 필요가 있다고 생각해요. 하나님께 예배한다고 해서 장엄한 분위기만 연출해야 한다는 생각도 편견이 아닐까요?

예전 씨 예배를 어떻게 시작하느냐가 중요하다는 발언에 전적으로 동의해요. 뭐든지 시작이 깔끔해야죠. 첫 단추를 잘못 끼우면 그 다음부터는 수습하기 힘들지요. 예배의 시작은 소란스럽게 부산을 떨어대어도, 그렇다고 너무 맥이 풀린 모습이어도 안 되겠지요. 아무리 규모가 작은 교회라고 해도 예배시작은 하나님의 궁전의 정문을 힘껏 열어젖히는 듯한 기대와 설렘을 연출해 내려고 노력해야 하지 않을까요?

자율 씨 예배를 시작하는 오프닝 멘트도 중요하지요. 예배인도자들이 이것을 무시하고 늘어놓는 잔소리는 좋지 않아요. 그렇다고 너무 정형화된 문구를 가지고 똑같은 말을 앵무새처럼 반복해도 문제지만요. 매주 어떤 오프닝 멘트를 해야 할지를 고민해야 하지요. 예를 들어서 그 주에 일어났던 중요한 사건과 관계된 발언을 할 수도 있지 않을까요. 신자가 별세상을 사는 것도 아닌데, 세상을 품고 하나님께 나아가는 것이 필요한 것이지요.

예전 씨 예배 시작은 회중의 자발적인 참여에 의해 이루어지는 것이 사실이지만 하나님께서 먼저 자기 백성을 부르셨음을 상기시키는 것이 중요하다고 봐요. 회중이 하나님을 찾기 전에 하나님께서 먼저 하나님의 백성들을 찾아오셨기 때문에 예배가 시작되는 것이니까요. 예배인도자는 시작부터 언약을 염두에 두어야 하지요. 그래야 하나님의 주도권을 분명하게 부각시킬 뿐만 아니라 하나님의 백성들의 자발적인 응답을 균형있게 드러낼 수 있지요.

묵도와 다양한 '시작말'

예배의 시작은 무엇보다 중요하다. 어떤 행사든지 개회사가 중요하듯이. 개회사는 행사의 시작을 알리는 아무런 의미 없는 멘트와는 다르다. 개회사 이전에 그 행사에 참여한 이들의 모든 행동, 심지어 행사의 주최 측에서 하는 말과 행위도 다 사적인 것일 수밖에 없다. 하지만 개회사를 기점으로 해서 그 이후에 이루어지는 모든 일은 공적인 것이다. 개회사를 통해 이제부터 하는 모든 일은 공적인 차원으로 승화된다. 예배의 시작말은 어떤 것이 좋을까? 우리 한국교회는 예전부터 묵도라는 표현을 선호해 왔다. 대부분의 교회 주보를 보면 예배의 가장 첫번째 순서를 '묵도'라고 기록하고 있는 것을 볼 수 있다. 예배인도자는 강단 위에 놓여 있는 종을 치면서 '다같이 성가대의 주악에 맞추어서 묵도하므로 예배를 시작하겠습니다'라는 말로 예배가 시작된다. 지금도 여전히 묵도로 예배가 시작된다. 왜 묵도일까? 하나님 앞에 조용히 나아가야 한다는 생각이 자리 잡고 있어서이리라. 예배당에 온 순간부터 계속해서 조용히 기도했는데 예배 시작할 때도 묵상으로 기도하면서 시작한다. 한국교회의 경건성을 미루어 짐작할 수 있는 부분이다. 통성기도를 좋아하는 한국교회지만 예배시작만큼은 묵도를 선호한다. 하나님께 나아가는 순간 자신들의 옷 매무새조차 경건하게 매만지려고 하는 모습을 연상할 수 있다. 하지만 교회 역사에서 '묵도'는 등장한 적이 없다. 그렇다면 우리 한국교회의 예배시작은 토착화인가 보다.

지금은 침묵을 참지 못하는 시대이다. 이를 방증이라도 하듯 다양한 시작말들이 등장한다. 예배 인도자는 교인들을 서로 인사시킨다. "옆에 계신 분들과 서로 인사하겠습니다. 교회 잘 오셨습니다. 주의 이름으로 축복합니다." 최근에는 이런 인사가 개그 프로에 나오는 말까지 동원하면서 최첨단(?)의 인사로 발전하고 있음을 볼 수 있다. 이런 인사가 썰렁해지기 쉽기 때문에 예배인도자는 자신이 보기에 흡족할 때까지 두 번, 세 번 인사를 시킨다. 분위기를 부드럽게 만들기 위해서 그러나 보다. 이렇게 서로를 향해 인사말을 하면서 예배를 시작하는 것이 바람직한 것일까? 예배는 하나님의 회중에 속해서 드린다. 다른 신자들을 고려하지 않고 오직 나 혼자 하나님 앞에 나아간다는 생각은 금물이다. 하지만 예배를 시작하는 순간에 하나님께 집중해야 함에도 불구하고 어수선하게 나누는 그런 인사가 그다지 좋아 보이지는 않는다. 인사는 예배실에 들어오면서 자유롭게 먼저 하고 예배 시작을 기다려야 하지 않겠는가.

누가 누구를 부르는가?

예배 전체의 성격이 바로 이 예배 시작말을 통해 드러나기 때문에 시작말은 중요하다. 전통적으로 초대교회부터 예배 시작 순서를 '예배로의 부름'(Call to Worship)이라고 했다. 누가 누구를 부르는가? 예배로 불러내는 주체가 누구인가? 하나님이 아니신가? 구원받은 백성이라 할지라도 하나님이 불러주지 않으시면 예배에 참여할 수 없다. 하나님은 매 번 우리를 불러주시는 분이시다. 이스라엘 백성을 시내산으로 인도하신 하나님께서는 모세를 통해 내 백성을 불러 모으라고 하셨다. 하나님의 이 불러 모으심 때문에 하나님의 회중이 생겨나고, 하나님의 부르심에 의해 이스라엘이 하나님을 예배하는 회중이 되었다. 예배에서 하나님께서 먼저 말씀하실 수밖에 없다. 인간들의 말은 그 뒤로 물러나야 한다.

하나님께서 부르지 않으셨는데 스스로 나아가겠다고 할 수는 없다. 어불성설이다. 그런데 시내산에서 이스라엘을 향해 천둥과 같은 소리를 발하신 하나님께서 지금도 동일한 음성을 발하시는가? 하나님의 부르심을 어느 누가 대신할 수 있는가? 여기서 우리는 하나님의 말씀이 차지하는 위치를 확인할 수 있다. 흥미롭게도 초대교회 때부터 하나님의 수많은 말씀들 중에서 시편 말씀이 이 '예배로의 부름' 문구로 사용되기 시작했다. 시편에는 하나님의 백성들을 하나님께 예배하자고 부르는 문구들이 많이 있기 때문이다. 예배인도자인 목사는 하나님을 대신하여 하나님의 백성들을 부른다. 하나님을 예배하자고 부른다. 얼마나 장엄한 순간인가? 하나님께서 목사를 통해 자기 백성을 친히 부르시는 순간이니 말이다.

시편의 수많은 문구들 중에서 어떤 문구가 예배로의 부름에 적합할까? 묘하게도 종교개혁자들이 선호한 예배로의 부름 문구는 중세교회의 미사에서 나왔다. 중세가 되면서 회중은 점차 예배에서 구경꾼으로 전락한다. 1부 말씀예배가 2부 성찬예배 속에 갇혀버렸기 때문에 사제가 홀로 미사를 드리기 위한 준비를 해야 했다. 사제는 미사를 드리기 전에 자신의 개인적인 죄를 하나님께 고하고, 하나님의 용서해주심과 깨끗케 해 주심을 간구했다. 이 문구 중 하나가 바로 "우리의 도움은 하나님의 이름에 있도다"라는 시편 124편 마지막 구절이었다. 사제가 이 문구를 읊으면 부제(로마천주교회는 감독, 사제, 부제의 서열을 가지고 있다)가 "그 분은 하늘과 땅을 만드신 분입니다"라고 응답하므로 이 문구를 완성시킨다. 이 문구를 종교개혁자들은 예배 시작말로 삼았다. 중세교회는 오직 사제가 자신의 죄를 하나님께 고하기 위해 이 문구를 사용했지만 종교개혁자들은 하나님의 온 회중의 입에 이 말을 돌려주었다.

예배시작말(VOTUM)의 역사

종교개혁은 예배의 개혁이다. 개혁자들은 예배를 어떻게 시작해야 하는가를 분명하게 이해하고 있었다. 음악에 재능이 남달랐던 루터는 찬송을 강조했다. 그는 예배가 찬송으로 시작되어야 한다고 보았다. 어떤 이들은 예배의 시작말이 삼위 하나님의 이름으로 시작해야 한다고 믿었다. 그래서 "우리의 시작은 성부와 성자와 성령의 이름에 있도다"라는 문구를 만들어 내기도 했다.

성경구절 자체가 인간의 그 어떤 고상한 말보다 낫다는 것은 불문가지이다. 그래서 구약성경인 민수기 6장의 '아론의 대제사장적 기도'가 예배시작말로 적합하다는 분도 있었고, 신약 마지막 성경인 요한계시록 1:4의 삼위 하나님에 대한 긴 언급이 적합하다는 말도 있었다.

위에서 언급했듯이 종교개혁자 칼뱅과 그를 따르는 이들은 시편 124:8의 문구를 선호했다. 이들은 이 문구를 예배시작말로 사용하기 시작하면서 이를 VOTUM이라 불렀다. VOTUM은 라틴어 Voveo라는 동사에서 나왔다. 이 용어는 고전 라틴어에서 '헌신'과 '충성을 서약'할 때 주로 사용되었던 용어이다. 교회는 이 라틴어에 세례를 주어 성별했다. 이 용어에 고백의 개념을 담았다. 이후에 개혁교회 내에서는 이 용어를 번역하지 않고 라틴어 그대로 사용하고 있다. 영어나 다른 언어로 번역할 적당한 말이 없어서 그렇기도 하겠거니와 교회사에 대한 존경을 담고 있기도 하다.

예배시작말을 VOTUM이라는 역사적인 용어로 불렀다는 건 무슨 의미일까? 이 용어를 통해 우리 신앙의 선배들은 어떤 공교회적인 고백을 담았을까? 우리는 이 용어에 하나님을 향한 우리의 충성, 그리고 우리의 충성서약이 담겨 있음을 모르지 않는다. 하지만 그게 전부가 아니다. 이 용어는 하나님께서 자기 백성을 향해 신실하심을 보이신 역사를 상기한다. 예배는 하나님을 향하는 우리의 마음이나 신심으로부터 시작되지 않는다. 하나님의 낮아지심, 하나님께서 친히 자기 백성의 자리로 내려오심에 근거하고 있다는 고백이다. 그러므로 우리는 VOTUM이라는 용어 속에 일반적으로 '예배로의 부름'이라고 하는 예배시작말의 의미가 온전하게 녹아 있다고 본다.

우리의 도움은 어디로부터 오는가?

예배의 시작말을 하나님의 말씀 자체로 한다는 것이 얼마나 바람직한가? 중세교회로부터 기원한 예배시작말(시 124:8)이 개혁이 시작된 취리히와 스트라스부르 예식서에서 사용되기 시작한다. 이게 개혁자 마르틴 루터가 면벌부를 반박하는 95개조를 붙인지 채 몇 년도 되지 않은 1525년의 일이다. 얼마나 놀라운가! 본인의 억척일 수도 있겠지만 이 문구는 중세 로마가톨릭과 종교개혁을 대화의 자리로 불러내는 말씀일 수 있다. 그 정도로 이 문구는 예배의 시작말로서 강력한 말씀일 뿐만 아니라 역사가 있는 말씀이다.

종교개혁자들이 중세교회의 수많은 미신적인 예배의식을 폐기했음에도 불구하고 그들이 사용하던 성경말씀 자체를 폐기하지 않은 것은 지극히 당연하다 하겠다. 게다가 중세 사제들이 자신들의 개인적인 말씀처럼 사유화했던 말씀을 모든 회중들의 입에 돌려주었다. 개혁자들의 탁견이라 여겨진다. 개혁자들은 이 문구가 하나님을 예배하기 위해서 나아가는 하나님의 백성들의 입에서 나와야 하는 첫 번째 말씀이어야 한다고 보았다. 물론 예배인도자가 이 말씀을 대신하여 외치고, 모든 회중이 마음으로 이 구절을 같이 따라 하기도 하지만 말이다.

개혁자들은 자신들이 예배하는 하나님이 어떤 분인지를 이 문구를 통해 분명하게 고백했다. 하나님은 오직 예수 그리스도를 통해 자신들을 구속해 주신 분이다. 그 하나님은 처음부터 계셨던 하나님, 즉 창조주 하나님이시다. 쉽게 말하면 하나님은 구약의 하나님일 뿐만 아니라 신약의 하나님이시다. 하나님은 율법을 주신 분일 뿐만 아니라 복음을 주신 분이다. 하나님은 그리스도를 통해 우리에게 찾아오셨다. 이제 그리스도 안에 있는 자들에게는 결코 정죄함이 없다. 하나님은 그리스도를 통해 언제든지 자기 백성을 만나주신다.

하나님의 회중은 예배 인도자인 목사와 함께 온 세상을 향해 선포한다. 우리의 도움은 천지를 지으신 하나님 밖에 없다고 말이다. 모든 우상은 이 많은 물소리와 같은 우렁찬 말을 듣고 벌벌 떨지 않겠는가! 사탄은 이 진실하고 감격스러운 고백을 듣고 혼비백산하여 달아날 것이다. 이 외침으로 하나님은 자기 백성 가운데 친히 임재하시는 하나님으로 나타난다. 이 외침이 어찌 하나님을 불러내는 주문(呪文)이겠는가. 이 외침 때문에 하나님께서 회중에게 임하실까. 하나님은 처음부터 계신 분이다. 어디나 계시는 하나님, 항상 계시는 하나님이 한 몸을 이루어서 나아오는 하나님의 회중 가운데 특별한 방식으로 임재하기를 원하신다. 이제 하나님의 회중은 이 세상 그 어디에서도 경험할 수 없는 하나님의 독특한 임재를 경험하게 될 것이다.

이제 우리도 공교회가 함께 외쳐온 이 외침, 이 예배 시작말로 예배를 시작해 보자.

"우리의 도움은 천지를 지으신 여호와의 이름에 있도다."

5. 기원

하나님이
인사하신다고?

기원
- 하나님이 인사하신다고?

예전 씨 예배 인도자가 예배 전에 서로 인사하자고 유도하지만 정작 중요한 인사는 놓치고 있어요. 예배인도자가 회중을 향해 인사를 해야 하지요. 물론 이 인사를 오해하기도 해요. 예배 인도자가 하는 인사는 '안녕하세요! 그동안 잘 지내셨어요?' 식의 인사가 아니에요. 예배 인도자는 예배하는 회중을 향해 "하나님의 인사"를 건네야 하지요. 하나님께서 자기 백성 가운데 친히 찾아와 주심을 드러내어 주는 것이 바로 이 인사이지요.

자율 씨 인사말이 나왔으니 저도 한 마디 하지요. 예배도 하나의 의전이라고 한다면 인사말은 형식적일 수밖에 없겠지요. 하지만 우리가 예배한다고 해서 하나님을 향해 도열해 있는 것과 같은 분위기를 만들 필요는 없어요. 예배 인도자의 역할이 중요한데 그것은 회중들과 더불어 끊임없이 의사소통하는 것이지요. 예배를 극장식으로 만들어 하나의 구경거리로 만드는 것에 대해 저도 비판적이지만 예배 인도자가 이웃집 아저씨처럼 회중들을 향해 친근하게, 격식 차리지 않는 인사말을 건넨다면 얼마나 좋겠어요?

예전 씨 예배가 점차 공연이 되어가고 있다는 것이 큰 문제에요. 하나님께 보여드리고자 하는 공연이라면 문제가 아니지만, 사람을 즐겁게 하는 공연이 되어가니 문제지요. 회중에게 '이제 듣고 볼 준비가 되어 있으니 한번 시작해 보시지요'라는 태도를 갖게 만들어 놓고서는 예배 인도자가 하나님을 예배 하자고 하니 이 얼마나 우스꽝스러운 노릇인가요? 그런 의미에서 저는 예배를 시작할 때 하나님을 대신하여 인사를 건네고 하나님의 임재를 확신시켜 주어야 한다고 봐요.

자율 씨 그럴 수 있겠네요. 하지만 예배에 하나님의 임재가 자동적으로 이뤄진다고 생각하면 안 되지요. 회중에게 하나님의 임재를 감동적으로 느끼게 해야하지 않을까요? 예배 인도자가 할 일은 회중에게 편안한 분위기를 제공해야 하지만 동시에 회중을 각성시켜야 할 필요도 있지요. 회중이 감동할 수 있도록 절제되어 있지만 세련된 문구로 하는 인사는 기본이고요. 그러고 보면 당신과

> 제가 인사말이 중요하다는 생각에는 일치하고 있네요.

인사로 시작되는 예배

아는 사람들이 서로 만났을 때 인사말을 건네듯이 예배에서도 인사가 있다. 예배 시간에 인사를 나눈다고? 하나님께 예배하기 시작하면서 무슨 인사 타령이냐고? 도대체 무슨 인사가 필요하다는 말인가? 이 인사말은 어떤 예식의 시작을 알리는 '개식사'와 같은 것인가? 우리는 인사말이라고 하면 종종 예배 인도자가 회중을 향해 건네는 인사말이라고 생각한다. 아니면, 회중들이 서로를 향해서 인사를 하는 것을 생각한다. 예배 시작 순서인 '예배로의 부름'의 의미를 파악하기 위해 누가 누구를 부르는 것이냐 하는 질문을 던졌듯이 이 '인사'순서를 향해서도 누가 누구에게 인사하는 것이냐 하는 근본적인 질문을 해보기로 하자.

예배에 인사가 있다는 것은 최근에 들어서 생겨난 현상이 아니라 초대교회 때부터 내려오던 전통이었다. 주후 3세기 중반에 로마의 주교 히폴리투스가 썼다고 알려진 『사도전승』(The Apostolic Tradition)에 의하면 예배 속에 인사의 순서가 있었다. 예배 인도자인 목사와 회중이 서로 인사를 주고 받는 양식이었는데 이것은 의사소통을 위한 것이라기보다는 하나님의 회중이 한 가족으로 예배로 나아간다는 것을 시위하는 의식이다.

이후의 예배 문서들에 보면 역시 이런 인사가 있었음을 어렵지 않게 확인할 수 있다. 예배 인도자인 목사는 회중을 향해 다음과 같은 인사말들을 건넸다. "주께서 여러분과 함께!" 아니면 "주님의 평강이 여러분과 함께!" 혹은 삼위 하나님의 이름으로 인사를 건네기도 했다. "주 예수 그리스도의 은혜와 하나님의 사랑과 성령의 교통하심이 여러분과 함께!" 그러면 회중은 예배인도자인 목사를 향해 "또한 목사님과 함께"라고 인사했다.

이렇게 인사를 주고 받는 것은 예배의 2부인 성찬 예전에서도 뚜렷하게 나타나는데 예배 인도자와 회중이 인사를 건네고 난 다음에 소위 말하는 '수르숨 코르다'(마음을 드높이)를 통해 다시 한번 더 대화를 진행한다. 성찬 집례자가 "마음을 드높이"라고 하면 회중은 "마음을 주께로 듭니다"라고 답한다. 집례자가 다시 "주께 감사를 드립시다"라고 하면 회중은 "그렇게 함이 마땅합니다"라고 답한다. 이렇게 서로 인사를 주고 받고 마음을 들어 하늘에 계신 그리스도를 바라보자는 초청이 오늘날까지도 '인사와 수르숨 코르다'의 순서로 자리 잡고 있다. 초대교회의 예배에서는 이렇게 다양한 인사를 서로 주고받았다. 예배인도자와 회중이 혼연일체가 되어서 예배에 참여했다는 말이다.

기원은 복 선언

예배 시작 때, 예배 인도자가 회중을 향해서 건네는 인사는 단순한 인사말도, 그렇다고 개식사도 아니다. 이 인사말은 '예배로의 부름'과 짝을 이루고 있다. 즉, 이 인사말은 '예배로의 부름'을 보충하는 순서일 뿐만 아니라 '예배로의 부름'을 완결짓는 순서이기도 하다. 우리가 이미 살펴보았듯이 '예배로의 부름'은 회중이 하나님을 부르는 순서인데, 이교의 제사들에 반영되어 있듯이 향을 피워서 신을 불러내는 초혼의식과 같은 것이라고 생각하면 안 된다. 동방교회에서는 아직도 예배가 시작되면서 성직자들이 향로를 흔들면서 행진하기에 예배당 전체가 향으로 가득 차는데 이것은 예배장소를 정결하게 하는 의미라면야 크게 문제되지 않는다. 행여 초혼 의식으로 비칠까 염려된다. 이처럼 '예배로의 부름'은 하나님을 불러내는 순서가 아니라 이미 불러주신 하나님을 향해 충성의 맹세이다. 하나님께서는 하나님의 백성의 충성서약을 듣고서는 주님 자신을 내어 주신다. 그것이 바로 '기원'의 순서가 담고 있는 의미이다.

이 '기원'은 예배 인도자가 회중을 향해 건네는 단순한 인사가 아니다. 하나님께서 예배 인도자인 목사를 통해 하나님 자신을 주시는 시간이다. 예배 서두에 하나님의 복을 선언하는 시간이다. 예배가 끝날 때에 또 한 번의 복의 선언이 있다. 예배는 복의 선언으로 시작하고 복의 선언으로 마친다. 하나님의 복이 예배 전체를 감싸고 있는 셈이다.

예배를 시작할 때의 하나님의 복 선언은 예배 마지막 순서인 '강복선언'(축도보다는 강복선언이 더 정확하다. 이에 대해서는 14장에서 살펴보기로 하자)과 구분해야 하기 때문에 부득불 다른 이름을 달아야 한다. 어떤 이름이 좋겠는가? 그냥 단순히 '인사'라고 할 수도 있겠고, 복을 선언하는 인사이기 때문에 '기원'(Invocation)이라는 이름으로 부를 수도 있겠다. 어떤 이름으로 부르든지 이것은 일상적인 인사가 아니라 하나님께서 예배하는 자기 백성에게 건네시는 복 선언이다.

예배 첫머리에 하는 복 선언인 인사말은 예배 마지막의 강복선언과 동일한 복 선언이다. 하지만 이 복 선언은 예배가 마치고 하나님의 회중이 흩어지기 때문에 그들 각자를 향해 하나님의 복을 선언하는 것과는 조금 다른 성격을 가지고 있다. 이 처음의 복 선언은 하나님의 회중 전체를 향한 하나님의 복 선언이요, 인사이다. 하나님께서는 하나님의 회중을 가리지 않고 그들 전체를 향해 복을 선언하신다. 이제 하나님의 회중은 그리스도의 몸을 이루어서 하나님 앞으로 나아간다.

목사의 역할

그러면 이 인사말을 누가 해야 할까? 당연히 예배 인도자인 목사가 해야 하지 않겠는가. 그렇다면 이 단순한 인사말을 통해 하나님께서 세우신 직분자의 역할이 분명하게 드러났다. 목사는 예배에서 단순한 설교자만이 아니다. 예배 전체를 인도하는 예배 집례자, 예배 인도자임이 이 순서를 통해 분명하게 드러난다. 회중은 예배 시간 순서에서부터 하나님의 임재를 충만히 경험하면서 예배로 나아간다는 사실을 인식하고 있어야 한다. 우리는 설교 시간까지 막연하게 기다릴 이유가 없다. 예배가 시작되면서부터 우리는 하나님의 거룩한 임재 가운데로 초대받는다.

목사는 하나님의 회중을 대표하여 하나님을 향해 충성의 서약을 했다. 이때 온 회중은 목사와 함께 충성의 서약을 같이 했다. 이 충성의 서약에 대해 하나님의 응답이 있어야 하지 않겠는가? 하나님의 응답을 기다리는 회중을 향해 목사는 하나님의 복을 선언한다. 바로 이어지는 이 복 선언의 인사말을 통해 목사의 역할이 바뀐다. 이제 목사는 회중의 대표가 아니라 하나님을 대리하는 자리에 선다. 하나님을 대리하여 온 회중을 향해 하나님의 복을 선언한다.

예배하는 회중은 이 복 선언의 인사를 자신들의 귀로 들을 뿐만 아니라 눈으로도 보아야 한다. 그리고 목사는 단순한 인사말을 건네는 것이 아니라 하나님의 복 선언을 인사로 하기 때문에 손을 높이 들어서 인사말을 하는 것이 좋다. 회중은 목사의 손을 보면서 하나님께서 자기들과 함께 해 주겠다고 하신 약속과 임재를 충만하게 경험하면서 예배로 들어간다. 얼마나 감격스러운 순간인가! 어떤 분들은 이 인사를 예배 마칠 때의 강복선언과 구분하기 위해 한 손만 들고 하는 것이 좋겠다고 말하기도 한다. 왜 한 손만 들어야 하는가? 반쪽짜리라는 인상을 주지 않겠는가? 두 손을 든다고 해서 무슨 문제가 되겠는가?

이 순서를 통해 목사는 회중들과 구별된다기보다 자신의 회중 가운데로 더 깊이 들어가게 된다. 예배를 인도하는 목사의 역할은 집회나 성경공부모임 등을 인도하는 사회자와 다르다. 그렇다고 목사의 역할이 무당이나 사제의 역할과 같은 것도 아니다. 목사는 하나님을 대신하여 하나님의 임재를 선포한다. 그러므로 목사는 이후에

해야 할 설교에 온통 자신의 정신을 집중할 이유가 없다. 설교 이전의 순서는 대충 떼우고 지나가고 설교에 온 진액을 다 쏟아야 한다고 생각하는 것은 크게 잘못된 생각이다. 목사는 회중과 더불어 하나님의 임재를 충만하게 경험하면서 예배로 나아가야 한다.

인사 문구들

예배 인도자인 목사가 회중을 향해 아무리 경건한 멘트를 한다고 하더라도 성경구절의 강력함을 대신할 수 없을 것이다. 구약성경뿐만 아니라 신약성경은 단순하지만 너무나 아름다운 하나님의 임재를 약속해 주시는 복의 말씀으로 가득 차 있기 때문이다. 신약 서신서들에 이런 인사말이 많이 나온다. 모든 서신서들이 다 이런 인사말을 품고 있다. 특히 사도 바울은 자신이 복음을 전하여 세워진 교회들을 향해 편지하면서 당시에 유행하던 서신형태처럼 인사말을 관행적으로 하지만 그 모든 인사말을 하나님의 복 선언으로 승격시키고 있다. 대표적인 예로 고린도전서 1:3, 갈라디아서 1:3, 에베소서 1:2, 베드로전서 1:2 등을 들 수 있고, 요한계시록 1:4-5도 좋은 인사말이다. 두 구절만 읽어보자.

갈라디아 1:3 우리 하나님 아버지와 주 예수 그리스도로부터 은혜와 평강이 있기를 원하노라.

요한계시록 1:4-5 이제도 계시고 전에도 계셨고 장차 오실 이와 그의 보좌 앞에 있는 일곱 영과 또 충성된 증인으로 죽은 자들 가운데에서 먼저 나시고 땅의 임금들의 머리가 되신 예수 그리스도로 말미암아 은혜와 평강이 너희에게 있기를 원하노라

이 모든 인사말에 공통적인 것이 '은혜'와 '평강'이다. 성부께서 성자를 통해 성령의 능력으로 베풀어주시는 모든 복은 은혜와 평강이라는 두 단어에 요약되어 있다. '은혜'는 헬라적인 인사말이요, '평강'은 히브리적인 인사말이기는 하지만 이 인사말은 오직 그리스도를 통해 성령의 능력으로 선포되는 인사일 수밖에 없다. 흥미롭게도 디모데전서와 후서, 요한이서 그리고 유다서에서는 '긍휼'이 첨가되어 있다.

여기서 말하는 은혜는 단순히 우리를 '구원해 주시는 은혜'만을 말하는 것이 아니라 이미 구원받은 주의 백성들에게 주님께서 아버지의 사랑으로 늘 돌보시고 인도하시는 은혜이다. 그리고 평강은 은혜 받은 결과를 우리

에게 보여준다. 은혜를 입은 결과 신자는 하나님과 더불어 평화를 누리고, 모든 만물과도 평화로운 관계를 누린다. 그리스도 안에서 만물이 화해하고 회복됨을 보여주는 단어가 바로 평강이다. 은혜만이 아니라 평강도 오직 그리스도로 인해 성취된다.

회중은 그리스도의 몸을 이루어서 하나님을 예배한다. 예배를 시작하면서부터 하나님의 충만한 임재가 주의 몸을 살아 움직이게 만드신다. 이제 예배하는 회중은 하나님께 나아갈 담력을 얻는다. 예배하는 회중에게서 자신을 분리시켜서 자신의 간절함에 매달리는 것은 예배자의 태도가 아니다. 회중이 어떻게 예배하던 나만 간절한 마음으로 예배하면 되지, 라는 식의 생각은 예배자의 바른 태도라 할 수 없다. 하나님의 백성들은 처음부터 하나님의 충만한 임재를 경험하면서 하나님을 예배하기 시작한다. 하늘에 계신 하나님께서 친히 자신을 낮추셔서 자기 백성을 향해 인사말을 건네시니 우리의 원수 마귀가 이런 공예배를 두려워할 수밖에 없지 않겠는가!

6. 신앙고백

고백이 꼭 필요한가?

신앙고백
- 고백이 꼭 필요한가?

자율 씨 한국교회에서는 예배 시작 부분에 사도신경으로 하는 신앙고백이 자리를 잡았지요. 그런데 교회마다 사도신경을 패스워드처럼 사용하고 있다는 느낌이에요. 사도신경을 외우지 않으면 예배가 시작될 수 없다는 느낌마저 받으니까요. 사도신경을 신주단지처럼 모시는 것은 또 하나의 우상숭배라고도 볼 수 있지 않을까요? 한국교회가 '오직 성경'을 그렇게 강조하면서 정작 성경에도 없는 사도신경에 매달리는 것은 죽은 형식주의에 불과하지 않을까요.

예전 씨 요즘 한국교회가 이단들로 인해 몸살을 앓고 있지요. 그동안 교회가 교리를 너무 무시해 왔기 때문에 그렇다는 생각이 들지 않나요? 사도신경 고백은 죽은 형식주의가 아니냐 하고 지적했는데요. 잘 지적했듯이 굳이 사도신경일 이유가 없지요. 초대교회로부터 전승되어 내려온 다른 신경들도 있으니까요. 저는 그 고백들로 확장해 가는 것이 필요하다고 봐요. 단지 우리가 서방교회의 전통에 서 있기 때문에 사도신경을 고백해 왔던 것뿐이지요.

자율 씨 저는 예배 때 사도신경을 고백하는 것을 교리적인 관점보다는 실용적인 관점에서 보아야 한다고 생각해요. 사도신경을 고백하느냐, 아니면 고백하기를 꺼리느냐 하는 것을 통해 최소한 정통과 이단을 가리는 잣대로는 사용할 수 있으니까요. 어떤 교회가 예배 때 사도신경을 고백하면 최소한 정통에 가깝다고 봐야 하겠지요. 반면 예배 때 사도신경을 고백하지 않는 교회는 척 봐도 이단일 가능성이 크지요. 주일 낮예배 때 사도신경을 고백하는지 유심히 관찰해 볼 필요가 있지요.

예전 씨 모든 공예배 때마다 사도신경을 고백해야 할 이유는 없지요. 주일 낮예배 때 사도신경 고백 유무를 가지고 정통과 이단을 판가름하는 것은 너무나 피상적이에요. 저희 교회는 다른 신경을 고백하기도 하고, 유럽교회에서는 공예배때 사도신경을 고백하지 않는 경우도 있지요. 주일 오전뿐만 아니라 오후예배도 있기 때문에 신경을 고백하지 않는 예배도 있지요. 문제는 예배 시작 부분에 있는 신앙고백이 예배 전체에 면면이 녹아 있느냐가 더 중요하겠지요.

사도신경, 사람이 만든 신경?

신경 사용을 꺼리는 교회들이 있다. 예배는 오직 하나님에 관한 것으로 가득차야 하기에 사람이 만든 신경을 사용하기가 꺼려진다는 논리이다. 이단들이 종종 이런 생각을 하곤 한다. 이단이 아니라도 성경을 문자 그대로 지키려고 몸부림치는 이들이 이런 생각을 할 수 있다. 침례교회가 이런 태도를 취하고 있다. 이런 태도는 아무리 하나님을 향한 열심에서 우러나왔다 하더라도 극단적인 태도라고 하지 않을 수 없다. 이 잣대를 들이밀면 예배순서 중 어느 하나라도 예배에서 자리 잡을 수 없을 것이다. 겨우 '성경봉독' 하나만 남게 되지 않겠는가? 그런데 아쉽게도 성경조차도 번역본이 너무 많아서 어떤 번역본이 하나님의 진정한 말씀인지를 선택해야 한다.

우리는 교리라는 단어에 대해 거부감이 많은 시대를 살고 있다. 신앙생활에 있어서 무엇보다 중요한 것은 교리가 아니라 경외감이라고 생각한다. 교리란 사람을 냉랭하게 만들고 사사건건 트집을 잡고 따지기 좋아하는 신자를 만들 뿐만 아니라 심지어는 교리를 가지고 교회를 분열시키는 일이 비일비재하게 일어나고 있기에 교리에 대해 거부감을 이해하지 못할 바는 아니다. 종종 교리를 객관적이라고 보고, 경외감을 주관적이라고 본다. 교리와 경외감이 대립되지 않음에도 불구하고 우리는 이 두 가지를 쉽게 대립시킨다. 교리를 강조하다 보면 하나님을 향한 경외심을 무시하기 쉽고, 경외심을 강조하다보면 교리를 무시하기 쉬운 측면이 있다. 하지만 우리는 이 두 가지를 대립시켜 볼 것이 아니라 건전한 교리를 통해 산출되는 경외심을 추구해야 하겠다.

교리에 대한 오해가 많은데 사실 성경은 수많은 교리들로 뒤덮여 있다. 교리는 성경에서 나온다. 즉, 성경은 우리가 믿어야 될 바가 요약되어 있는 하나님의 말씀이다. 성경에서 교리를 찾지 못하면 그 어떤 것도 찾지 못한 것이다. 물론 우리는 교리(Doctrine)와 교의(Dogma)를 구분할 필요가 있다. 교의는 교리에서 파생되어 나왔다. 교의는 각 시대의 교회가 각종 이단 사조에 대항하여 변치 않는 교리를 새롭게 고백한 것이기 때문이다. 그런 의미에서 교의는, 그리고 교의를 명문화한 신경은 성경을 하나님의 말씀으로 고백한 각 시대 교회의 신실한 고백이다.

성경에서는 신자가 공개적으로 자신의 믿음을 고백하는 것의 중요성을 거듭 말하고 있다. 예수님이 분명하게 말씀하셨다. "사람들 앞에서 인자를 시인하면 하늘의 천사들 앞에서 그 사람을 시인하겠다." 여기서 '시인하다'는 표현이 바로 공개적인 고백을 뜻한다. 기독교 신앙은 마음으로 믿고 내면적인 묵상으로 끝나지 않고 반드시 외적으로, 입술로, 삶으로 고백해야 한다. 사도 바울도 로마서 10장 9절과 10절에서 입으로 하는 고백의 중요성을 말하고 있다. "사람이 마음으로 믿어 의에 이르고, 입으로 시인하여 구원에 이른다."

사도신경과 번역

성경 자체에 다양한 신앙고백의 표현들이 등장하지만 우리는 공예배시 사도신경을 고백한다. 지상의 대부분의 교회가 이 사도신경을 고백하고 있기에 공교회 신경이라고 할 수 있다. 그런데 사도신경은 서방교회의 신경이다. 동방교회는 이 사도신경이 공의회를 통해 작성된 신경이 아니기에 공교회 신경으로 받아들이지 않는다. 이 사도신경이 사도라는 이름을 달고 있고, 열 두 조항으로 이루어져 있기에 열 두 사도들이 직접 작성한 신경으로 오해하기 쉬운데 그렇지 않다. 그러나 신약교회의 기초가 된 사도들의 신앙고백에 기초하여 작성된 신경이라는 사실만큼은 분명하다.

이 신경은 삼위일체 구조로 되어있다. 즉, 삼위 하나님에 대한 고백이다. 성부 하나님께는 창조와 섭리를 돌린다. 성자 하나님에 대한 고백이 가장 긴데 동정녀 탄생부터 시작하여 십자가의 고난과 음부 강하, 부활, 승천을 거쳐 하나님 보좌 우편에 좌정해 계시다가 산 자와 죽은 자를 심판하러 오실 것을 고백한다. 사도신경은 그리스도께서 이루신 구속을 중심으로 고백하고 있다. 마지막으로는 성령 하나님에 대한 고백인데 '성령을 믿사오며'라고 해서 성령에 대한 고백은 그것으로 끝난다고 생각하기 쉽다. 이후에 나오는 교회며 죄 사함 등의 고백이 실은 성령 하나님의 사역임을 알아야 한다. 즉 사도신경은 성령 하나님에 대해 고백하기를 성자의 구속사역에 근거하여 교회를 세우시고 성도가 교제하게 하시고 죄 사함, 그리고 육의 부활과 영생을 누리게 하신다고 고백한다.

사실 이 사도신경의 기원은 세례 문답에 있다. 215년에 나온 로마의 히폴리투스의 세례문답을 보면 이 사도신경과 유사하다. 먼저 성부를 믿느냐고 묻고, 믿는다고 고백하면 머리에 안수하여 머리를 물 속으로 밀어 넣는다. 다음에는 성자에 관한 항목을 죽 열거하고 믿느냐고 묻고 믿는다고 하면 재차 밀어 넣는다. 마지막으로 성령님에 관해 묻고는 답을 하면 다시 물에 들어가게 한다. 세 번이나 물에 들어가게 한다. 이렇게 세례 받는 이를 가르치고 삼위 하나님에 대한 고백을 문답하기 위해 만든 것이 발전하여 사도신경이 되었다. 마태복음 마지막 구절에 언급되어 있듯이 아버지와 아들과 성령의 이름으로 세례를 주라는 말씀이 근거가 되어서 작성된 신경이 사도신경이라고 볼 수 있다. 이후에는 이 신경이 세례문답 뿐만 아니라 예배시에 모든 회중이 같이 고백하는 신경이 되었다.

최근에 한국교회는 사도신경을 새롭게 번역했다 (찬송가에 수록된 사도신경). 이 새로운 번역의 가장 큰 기여는 무엇보다 삼위일체 구조가 분명하게 드러나게 번역했다는 점이다. 라틴어의 원문에 따라 삼위의 각 위를 '나는 믿습니다'라고 세 번에 걸쳐 분명하게 고백한다. 그런데 '아버지 하나님'이라는 표현과 '본디오 빌라도에게', 그리고 '몸의 부활'이라는 번역을 여전히 고수하고 있는 아쉬움도 보이고 있다. 성경에서 '아버지 하나님'이라는 표현은 사용하지 않고, 사도신경 원문에서도 '하나님 아버지'라고 하고 있다. 또한 주님은 본디오 빌라도에게만 고난을 받으신 것이 아니라, 세상 재판관에게 공적으로 재판을 받으셨다는 의미이기에 '본디오 빌라도 치하에서'라고 번역하는 것이 타당해 보인다. 아울러, '음부에 내려가심'

자체는 여전히 빠져버렸다. 공교회가 함께 고백해온 중요한 고백을 말이다(사도신경 번역에 관한 포괄적인 논의로는 유 해무, '교회와 신조 : 사도신경, 주기도문 새번역의 도입에 대한 소고 -『개혁신학과 교회』 26권 [고려신학대학원]을 참조 바람). 이 조항이 포함된 번역은 고신총회 헌법에 수록 되어 있습니다. 번역은 고려신학대학원 교수회가 했습니다.

삼대 공교회신경

위에서 잠시 언급했듯이 우리는 사도신경이 유일한 신경이라고 알고 있지만 사실 다른 신경들도 있다. 웨스트민스터회의(1643-47)를 통해 작성된 고백서와 대소교리문답을 우리 장로교가 받기 이전에, 작성되기도 전에 이미 초대교회 때부터 내려오는 삼대 공교회신경이 있었다. 사도신경을 비롯하여 니케아 신경과 아타나시우스 신경이 그것들이다.

니케아신경

니케아 신경은 사도신경과 마찬가지로 공예배 때 사용할 수 있는 신경인데 실은 동방교회의 신경이다. 최초의 세계교회 회의인 니케아 공의회(325년)에서 작성된 신경을 콘스탄티노플공의회(381년)가 넘겨받아 보완했다는 가정하에 니케아-큰스탄티노플 신경이라고 불리기도 한다. 이 신경은 삼위일체 하나님에 관한 논쟁의 핵심, 즉 그리스도가 하나님과 동등한 분이심을 정리하여 작성하였다. 니케아 공의회 후에 성령님의 하나님이심을 부인하는 이들이 생겨났기에 콘스탄티노플 공의회에서 성령님을 주님이시요 생명을 주시는 분으로, 아버지와 아들과 함께 예배와 찬송을 받으시는 하나님으로 고백한다. 이렇게 니케아-콘스탄티노플 신경의 특징은 성자와 성령이 성부와 같이 동일하게 경배를 받아야 할 하나님이심을 분명하게 고백한다는 점이다. 우리는 교회 회의를 통해 이 신경을 제대로 번역하여 공예배 때 사용할 수 있어야 하겠다.

아타나시우스 신경

마지막 공교회 신경인 아타나시우스 신경은 정통의 대명사라고 할 수 있는 동방교부 아타나시우스의 이름을 따고 있지만 아타나시우스가 만든 신경은 아니다. 이 신경은 500년 경에 프랑스 남부에서 나왔다고 알려져 있는데 라틴어로 작성된 서방교회의 신경이라고 볼 수 있다. 이 신경은 451년의 칼케톤 공의회가 작성한 그리스도의 신성과 인성의 관계까지 포함한 삼위일체 하나님에 관한 유려하면서도 가장 긴 고백서이다. 이 신경은 구원받으려고 하는 사람은 보편적인 신앙인 이 삼위일체 하나님에 대해 조금이라도 손상하지 않고 지켜야 한다고 못 박으면서 시작하고 있다. 마지막 문구도 삼위의 구별을 믿지 못하거나, 삼위가 한 분이시요 참되고 영원한 하나님임을 믿지 않으면 구원을 얻지 못할 것이라고 언급한다. 삼위 하나님에 대한 가장 아름다운 고백이라고 하지 않을 수 없다. 이 신경은 너무 길기 때문에 공예배때 고백할 수 있는 신경으로는 적합하지 않지만 세례교육을 포함한 신자의 교육을 위해서 적극적으로 활용할 필요가 있다.

신앙고백의 위치

교회가 교의, 즉 신경을 만들고 고백해 왔다는 것과 그 신경을 예배 때 고백하는 것은 다른 문제라고 보아야 할까? 예배에서의 신앙고백은 공교회적인 전통이다. 우리는 신약성경을 통해 초대교회가 이미 다양한 신앙고백문을 만들어 예배 때 사용했음을 확인해 볼 수 있다. 고린도전서 15:3-8, 빌립보서 2:5-11이 그 대표적인 예라고 할 수 있다. 그리스도의 죽으심과 부활, 예수 그리스도의 낮아짐과 높아짐을 고백하고 노래한 것이 초대교회의 예배 속에 자리 잡았음은 너무나 당연한 귀결일 것이다. 교회는 처음부터 '고백하는 교회'였다. 그렇다면 당연히 예배에는 고백하는 요소가 포함될 수밖에 없다.

어떤 이들은 신앙고백이라는 표현을 '믿음의 선포'라는 표현으로 바꾸기도 한다. 믿음의 선포를 통해 교회는 자신들이 철저히 고수하는 기본신념들을 표현한다. 이 선포를 통해 작금의 교회는 고대 교회와의 연속성을 표현할 뿐만 아니라 세계에 흩어져 있는 모든 그리스도인들과의 연대를 표현한다. 그런데 믿음의 선포라는 표현은 아무래도 약한 표현이다. 예배의 고백적인 측면을 강조하기 위해서는 초대교회부터 사용해온 신앙고백이라는 표현이 적절하다고 본다.

신앙고백은 예배 중 어디에 배치하면 좋을까? 예배가 초반부에 놓아 자신의 삶을 돌아보고 하나님을 향한 새로운 다짐의 계기로 삼는 것이 좋을까? 아니면, 설교 앞이나 뒤에 배치하므로 교회의 공적인 가르침의 측면을 강조하는 것이 좋을까? 그것도 아니라면 세례나 성찬에서 사용함으로써 교회의 핵심 신념을 증언하는 요소로 사용해야 할까? 교회역사를 보면 이 신앙고백의 위치가 예배 시작 부분에서부터 거의 끝 순서 직전에 이르기까지 다양하게 변해 왔음을 알 수 있다. 얼마나 정처없이 옮겨 다녔으면 이 순서를 '예배순서의 집시'라고 표현할 정도였다. 그런데 교회가 신앙고백을 활용하기 위해 다양하게 노력해 왔다는 사실이야말로 고백의 풍성함을 드러내어 주고 있지 않는가!

흥미롭게도 우리 한국교회는 전통적으로 예배 시작 부분에 이 신앙고백을 배치했다. 불신사회로부터 개종하여 예수님을 믿게 된 선교지 교회가 신앙고백을 예배의 처음 부분에 배치한 것은 너무나 당연하다고 하겠다. 삼위 하나님을 향한 첫 사랑을 잃지 않은 상태로 이 고백을 계속해서 올려 드린다면 우리의 예배는 가장 활력이 넘치는 예배가 될 것이다.

7. 십계명

왜 율법을 낭독하는가?

십계명
- 왜 율법을 낭독하는가?

예전씨 우리가 율법을 지나치게 폄훼하고 있다고 생각지 않으세요? 예배에서 율법을 자리잡게 하는 것. 신약교회가 구약교회와 연속선상에 있다는 고백 아닐까요? 복음을 율법과 극단적으로 대립시키면 신약교회를 구약교회와 절연시키게 돼요. 신약교회는 예배를 통해 유대인들의 율법이 온전히 자신의 것이 되었음을 표현할 길을 찾아야 합니다. 예배에서 십계명을 교독하거나 읽는 것이 그것의 한 방편이겠지요.

자율씨 예배 때 십계명을 낭독한다고요? 참으로 시대착오적이네요. 신약시대가 얼마나 풍요한 시대인데 구약시대를 동경한다는 말인가요? 우리는 구약성경도 하나님의 말씀이라는 사실을 믿지만 구약 자체에 지나치게 얽매여서는 안 되지요. 구약의 말씀을 설교하기도 해야겠지만 그것은 도덕적인 교훈을 위해서 하는 것이고, 되도록이면 신약을 많이 읽고 설교해야지요. 신약을 읽고 설교할 시간도 모자랍니다. 구약, 특히 십계명을 문자 그대로 읽어 내리는 것이 무슨 도움이 되겠어요?

예전씨 십계명을 부정적으로 봐서는 안 되요. 오늘날도 십계명을 문자적으로 그대로 지켜야 한다는 생각에 사로잡혀 있는 이들이 있지요. 안식교도들처럼 말입니다. 하지만 십계명이야말로 율법의 요체이기 때문에 예배 때 십계명을 사용해야 한다고 봐요. 미국에서는 보수신앙인들이 공공기관, 특히 학교에 십계명을 부착하던 시절을 그리워하고 있답니다. 그런데 정작 교회에서는 십계명에 관해 듣기 싫어하는 아이러니한 상황이지요.

자율씨 굳이 하나님께서 우리에게 요구하시는 것을 환기시키고 싶다면 예수님께서 율법을 요약해 주신 말씀에 귀를 기울이면 되겠지요. 모든 율법은 사랑의 계명으로 요약된다는 말씀이 있으니까요. 위로는 하나님을 사랑하고, 아래로는 이웃을 내 몸과 같이 사랑해야 한다는 구절을 예배시간에 낭독한다면 저는 반대하지 않아요. 사랑이라는 단어가 피상적으로 이해되고 있기는 하지요. 예수님이 친히 하신 말씀이 있는데 왜 굳이 십계명을 예배시간에 낭독해야 합니까?

신약시대에 웬 율법?

신약교회가 예배하는데 율법이 전면에 등장한다면 어떻게 될까? 율법은 구약시대 하나님의 백성들에게 주신 계명이고 복음의 시대인 신약시대와는 상관이 없다고 생각하기 쉽다. 그점은 로마서, 갈라디아서 등에서 사도 바울의 논증을 통해 이미 확증되었다고 믿는다. 그렇게 볼 수 있는 측면이 있다. 사도 바울은 유대 기독교인들 중 율법주의에 사로잡힌 이들과 끊임없이 투쟁했다. 우리가 잘 아는 사도행전 15장의 그 유명한 예루살렘 공의회가 바로 이 문제 때문에 모였다. 이방인들이 하나님의 백성이 되려면 할례도 받고, 율법도 온전하게 지켜야 한다는 주장이 교회 내에서 공공연하게 나오던 상황이었기 때문이다. 사도 바울을 포함하여 사도 베드로, 그리고 예수님의 친동생이었던 야고보의 발언 덕분에 이 문제가 정리된다. 이방 기독교인들이 예수님을 믿는 것 외에 율법을 준수함으로써 기독교인이 될 수 있다는 주장은 잘못이라는 결론을 내린다.

당시의 유대 기독교인들은 이방인들을 이류 기독교인으로 취급했다. 사도 바울은 율법에 집착하는 것은 복음을 저버리는 행위라고 목소리를 높였다. 바울은 유대 기독교인들 때문에 복음과 율법을 날카롭게 대립시켰다.

모세의 율법은 후에 왔고, 하나님께서 아브라함에게 주신 약속이 있으며, 약속이 먼저라는 사실도 강조했다. 사실 바울이 이야기하고 싶었던 속내는 율법과 복음, 율법과 약속의 대립이 아니라 복음과 약속이 율법을 끌어 안고 있음을 밝히는데 있었다. 율법이 곧 복음이요 약속이었다. 율법은 복음을 구체적으로 표현하고 약속을 분명하게 드러낸다. 그렇다면 신약시대를 살고 있는 우리들은 더더욱 율법이라는 단어로 요약될 수 있는 모든 구약 말씀을 그리스도를 비추는 복음으로 받아들여야 할 것이다. 우리는 율법에 대해 정당한 위치를 부여하는 것이 얼마나 중요한가를 알아야 한다. 우리는 하나님을 위한 열심이라는 명목으로 율법을 문자적으로 지키려고 하는 어리석음을 범하지 말아야 한다. 또한 율법을 속히 청산해야 할 구시대의 계율로 보아서도 안 된다. 예를 들어서 피 채 먹지 말라는 율법 때문에 선지국밥 집 앞에 가서 시위를 해야 하겠는가? 반대로 정하고 부정한 말씀이 주는 영적인 의미를 외면해서야 되겠는가? 율법에 대해 정당한 위치를 부여함으로 말미암아 기독교는 유대교의 한 분파로 남지 않고 유대교를 넘어서는 종교가 될 수 있었다. 율법의 원 의미를 파악함으로써 기독교가 세계종교가 될 수 있는 기틀을 마련하게 되었음을 알아야 하겠다.

언약의 열 가지 말씀들

십계명을 율법의 요체라고 하는 이유가 무엇일까? 우리는 이 십계명의 독특성을 하나님의 백성들뿐만 아니라 믿지 않는 사람들이나 사회를 위해서도 유효하다는 관점에서 접근해서는 안될 것이다. 물론 십계명의 두 번째 돌판은 시대를 초월하여 모든 사회가 지켜야 할 최소한의 규범이 될 수 있는 말씀이라는 사실은 인정할 수 있다. 하지만 첫 번째 돌판은 어떻게 되는가? 두 번째 돌판은 첫 번째 돌판과 아무런 관계없이 이해될 수 있는가? 우리는 예수님이 십계명을 해설하신 산상보훈을 떠올려 볼 필요가 있다. 그러면 십계명이 언약의 백성들에게 주신 영적인 말씀임을 인정할 수밖에 없다.

십계명은 율법의 요체이기 때문에 중요하다. 십계명은 오늘날까지 하나님의 백성들의 삶을 규율하는 언약의 말씀이다. 종교개혁자들이 교리문답을 작성할 때 예외없이 십계명 해설을 넣었다. 이는 율법에 드러난 하나님의 모든 뜻을 십계명으로 요약해서 보는 것이 적합하다고 보았기 때문이다. 개혁자들은 예배 순서에서 십계명을 낭독하는 순서를 '언약의 열 가지 말씀들'이라는 용어로 표현하곤 했다. 십계명이라고 하면 구약의 율법이라는 인상을 줄 수 있기에 언약의 말씀이라고 표현한 것이다. 이런 표현을 통해 십계명을 그대로 낭독하면서 이 십계명이 신구약의 모든 하나님의 백성들을 위해 주신 언약의 말씀임을 드러내고 싶어서이리라.

우리는 십계명이 성경에 두 번 등장한다는 사실을 알고 있다. 어떤 십계명을 사용하는 것이 좋을까? 출애굽기 20장에 나와 있는 십계명은 출애굽 한 직후에 시내산에서 하나님께서 자기 백성과 언약을 맺으신 자리에서 주신 말씀이다. 신명기 5장에 나오는 십계명은 약속의 땅을 앞에 두고 모압 평지에서 광야 제2세대를 향해 선포한 언약의 말씀이다. 대동소이하지만 40년이라는 시간의 차이, 그리고 약속의 땅에 들어가서 생활해야 할 상황 등이 고려가 되어서 변화가 있는 것을 볼 수 있다. 예배 때 이 두 십계명을 교차적으로 사용해보면 어떨까? 우리는 문자주의를 피할 수 있을 뿐만 아니라 십계명이 언약의 모든 세대를 향해 지속적으로 새롭게 헌신을 요구하는 말씀임을 알 수 있지 않을까?

십계명이 가리키는 그리스도

초대교회 때부터 예배 때 율법서를 포함한 성경 말씀 자체를 낭독하는 것이 관례가 되어왔다. 십계명을 따로 낭독하진 않았다. 종교개혁이 일어나면서 회개를 이끌기 위해 율법의 중요성을 간과한 루터의 생각과 예배 때 죄 고백과 사죄선언의 순서가 필요하다는 부처와 칼뱅의 해석으로 인해 십계명이 예배 안에서 자리를 잡기 시작한다. 십계명이 아무리 율법의 요체라고 하더라도 그 계명들을 공예배 때 낭독하는 것은 피하는 것이 좋다고 생각할 수 있다. 수많은 성경의 말씀 중에서 왜 하필 십계명을 낭독해야 하는가 하는 의문이다. 특히 예배를 복음을 전하는 기회로 삼고자 하는 요즘 상황에서는 구약의 말씀 중에서도 가장 거부감을 많이 줄 십계명을 예배 때에 낭독하는 것은 피해야 한다는 생각을 하기도 한다.

십계명을 있는 그대로 낭독할 필요가 없다면 어떤 대안이 있을까? 하나님의 백성들에게 주신 첫 언약의 말씀의 요체를 전달할 수 있는 다른 방안이 있을까? 십계명을 해설한 성경 구절들을 하나 하나 찾아내어서 그것을 읽으면 될까? 그것보다는 예수님이 십계명을 포함한 모든 율법을 해설하신 말씀을 우리가 알고 있지 않은가? 모든 계명 중에 첫째가 무엇이냐는 한 서기관의 질문에 대해 예수님이 대답하셨다.

"첫째는 이것이니 이스라엘아 들으라 주 곧 우리 하나님은 유일할 주시라 네 마음을 다하고 목숨을 다하고 뜻을 다하고 힘을 다하여 주 너의 하나님을 사랑하라 하신 것이요 둘째는 이것이니 네 이웃을 네 자신과 같이 사랑하라 하신 것이라 이보다 더 큰 계명이 없느니라"(막 12:29-31).

그렇다면 바로 이 구절을 십계명 대신 낭독하면 어떨까? 개혁자들은 예수님의 이 해설이 모든 율법을 요약한 말씀이라는 사실에는 아무런 이견을 달지 않았다. 하지만 예배하는 신약교회는 이미 그리스도를 통해 구속받았기에 십계명을 문자 그대로 낭독한다고 해서 오해할 이유가 없다. 신약교회는 언약의 열 가지 말씀들을 그대로 낭독하므로 자신들이 구약시대로부터 이어지는 바로 그 언약백성을 잇고 있음을 고백한다. 신약교회는 십계명을 문자 그대로 지킬 수 있다는 자신감 때문이 아니라 하나님께서 언약의 백성들에게 주신 첫 말씀이 자신들을 위한 말씀이기도 함을 고백하면서 십계명을 낭독한다. 교회는 구약에서 이어지는 역사를 가지고 있다.

구약교회는 하나님께서 보내실 구원자를 소망하는 가운데 계명을 낭독했다. 신약교회는 십계명을 그대로 낭독하지만 자신들에게 보내주신 그리스도를 기뻐하면서 이 계명을 노래한다. 신약교회는 이제 더 이상 유대인들처럼 율법을 낭독하거나 노래하지 않는다. 신약교회는 언약의 열 가지 말씀을 하나님이신 그리스도께서 친히 주신 율법으로 받는다. 신약교회는 자신들이 십계명을 결코 지켜낼 수 없지만 오직 그리스도께서 지키신 계명으로 받아 감사한다. 그리고 오직 그리스도께 영광을 돌리고 그리스도를 높이는 교훈으로 받아 자랑한다. 이런 십계명을 예배 때 사용하기를 주저할 이유가 있겠는가?

율법의 용도와 배치

십계명을 예배 중 어디에 배치할 지 생각해 보자. 이 순서도 신앙고백처럼 예배에서 이리 저리 떠돌곤 했다. 어떤 때는 예배가 시작되기 전에 낭독하기도 했다. 이것은 개인적인 용도로 사용하기 위한 목적이라고 생각된다. 예배하기 전에 신자들을 준비시키기 위한 목적이었다. 십계명을 통해 회개하고 나서 예배에 참석하라는 암묵적 명령이다. 다음으로는 설교 전에 이 순서를 넣기도 했고, 설교 후에 넣기도 했다. 이렇게 설교 전과 후는 사소한 차이가 아니라 아주 큰 차이가 아니겠는가? 도대체 이런 차이는 왜 생긴 것일까?

설교 전에 십계명을 읽는 것은 주로 회개를 불러 일으키기 위함이다. 예배 전에 십계명을 읽고 회개하자고 하는 것과 예배가 시작되고 나서 죄 고백을 하기 위해 십계명을 읽는 것이 무슨 차이가 있냐고 물을 수 있겠다. 예배 중에 사용되는 십계명은 하나님의 회중이 그리스도의 몸을 이루어서 하나님 앞에 나아가서 회개하기 위한 용도이다. 공적인 회개를 위한 목적이다. 십계명을 이렇게 사용하는 것은 종교개혁자 마르틴 루터의 신학 때문에 강화되었다. 마르틴 루터는 율법을 죄를 깨닫기 위한 도구로 보았다. 그는 율법을 먼저 선포하고 난 다음에 그 율법을 통해 자신의 죄를 깨닫고 나면 그 다음으로 복음을 선포해서 예수 그리스도를 제시하면 된다고 했다. 순서적으로 율법이 먼저고, 복음은 나중이다. 이런 관점에 의하면 십계명은 설교 전에, 그것도 회개하기 전에 선포해야 한다.

십계명이 설교 후에 오는 이유는 무엇 때문일까? 하나님의 모든 뜻을 드러내는 설교가 있고 난 다음에 왜 또다시 십계명을 낭독해야 한다는 말인가? 십계명이 설교 후에 와야 한다는 이런 생각은 개혁자 장 칼뱅의 영향이 컸다. 그는 루터와는 달리 율법의 제3용법을 말했다. 율법은 죄를 깨닫기 위한 용도도 있지만 그것보다 더 중요한 것은 율법이 감사의 요소라고 지적했다. 칼뱅의 영향으로 개혁교회의 대부분의 교리문답서들에는 십계명 해설이 제3부, 즉 감사의 대목에서 등장한다. 설교 이후에 예배를 마치기 직전에 십계명을 낭독하면 신자들은 이 언약의 말씀들이야말로 한 주간 동안 세상에서 살아갈 자신들에게 주신 삶의 지침임을 알 수 있다.

마치면서

신앙고백과 언약의 열 가지 말씀은 아름답게 짝을 이루고 있다. 대륙의 개혁교회는 주일 오전과 오후, 두 번 예배하면서 오전에는 십계명을 배치하고, 오후에는 신앙고백을 배치했다. 구약의 언약의 말씀인 십계명을 먼저 배치하고, 신약성도들의 고백인 신앙고백을 후에 배치한 것을 이상하게 생각할지 모르겠다. 이런 배치는 하나님의 구속역사를 인정하고, 옛 언약과 새 언약의 통일성을 표현하고 있다. 율법과 고백, 언약의 말씀과 고백의 말씀이 공예배에 자리잡는 모습이야말로 교회가 하나님의 언약백성이요, 예배가 신자의 신심이 아닌 오직 하나님의 열심으로 불러 모으신 언약 백성의 예배임을 아름답게 시위하고 있다.

8. 죄 고백과 사죄선언

고해성사의 잔재일까?

죄 고백과 사죄 선언
- 고해성사의 잔재일까?

자율씨 요즘 많은 교회들에서 예배 때 죄를 고백하는 순서를 도입하고 있는데 참으로 걱정스러워요. 우리 개신교회가 왜 종교개혁을 했는지 벌써 까마득하게 잊은 것일까요? 중세교회가 고해성사를 통해 신자들의 목덜미를 꽉 움켜쥐고 있었는데 우리도 그런 것을 다시 따라 하겠다는 겁니까? 이건 아무리 생각해도 사제주의의 재현이라고밖에 볼 수 없어요. 우리가 교회 직분자들에게 끌려다녀서는 안되지요. 우리는 만인제사장설을 주장한 종교개혁의 후예임을 잊지 말아야 해요.

예전씨 우리가 공예배 때 죄 고백, 즉 공적 회개의 순서를 가진다고 중세교회로 회귀하는 건 아니지요. 종교개혁자들은 고해가 성사일 수 없다고 보았지만 신자가 공적으로 죄를 고백하는 것은 필요하다고 보았어요. 개혁자 마틴 루터가 내건 95개조 반박문의 첫번째 조항이 신자가 평생 회개하는 삶을 살아야 한다는 것이었잖아요. 제네바의 개혁자 칼뱅도 크게 다르지 않았는데요. 그는 예배 때 공적회개의 순서를 넣어야 한다고 주장했지요. 물론 시의회의 반대에 부딪혀서 자신의 주장을 접어야 했지만 말이에요.

자율씨 개혁자 마틴 루터에 대해서는 저도 좀 알지요. 그는 로마교회의 고해성사가 인간의 공로가 되었다는 것을 신랄하게 지적했지요. 중세교회가 마음으로의 통회, 입으로의 고백, 행동으로의 보속이라는 삼단계로 나누어서 사죄에 이르는 절차를 신중하게 밟았지만 그 모든 과정이 철저하게 인간의 공로가 되었지요. 우리는 오직 그리스도의 공로로 죄를 용서받는다고 믿으니까, 사적으로 하나님께 자신의 죄를 고백하는 것으로 끝내야지 예배 때 죄 고백을 할 필요는 없지요.

예전씨 개혁자 마틴 루터 이야기가 나와서 말인데요, 그는 목회적인 관점에서 고해가 유지되어야 한다고 보았어요. 특히 중요한 것은 사제가 선포하는 사죄 선언이라고 보았지요. 그 선언은 인간의 염원이 아니라 하나님의 말씀 자체이기 때문에 신자가 이 용서의 말씀을 듣는 것이 꼭 필요하다고 보았지요. 신사인 우리가 예배 때, 공적으로 이 사죄 선언을 듣지 못한다면 사적으로 용서의 확신을 얻으려는 유혹, 즉 신비주의에 쉽게 경도될 수밖에 없을 걸요.

고해의 역사

예배시에 공적회개와 사죄 선언의 순서가 들어가야 한다는 목소리가 높아져가고 있다. 이런 순서가 정말 필요할까? 이런 순서는 로마 가톨릭의 고해성사를 흉내 내는 것이 아닌가? 자칫 하면 우리는 회개를 하나의 공로로 승격시킬 가능성이 있지 않은가? 신자는 사적으로 충분히 회개한 이후에 예배에 참석해야 하지 않는가? 예배 전에 일찍 와서 자신을 돌아보면서 회개하는 시간을 가지는 것이 바람직하지 않은가? 예배 중에 공적으로 회개하는 순서를 가진다면 평상시에 늘 회개하는 삶을 살아야 함을 잊게 되지 않겠는가? 굳이 회개하는 기도를 해야 한다면 설교 후에 받은 말씀을 가지고 회개하자고 해도 좋지 않겠는가?

우리는 먼저 로마교회의 고해성사를 개괄적으로 살펴보는 것이 좋겠다. 고해는 세례와 관련을 맺고 있다. 세례는 이전의 모든 죄를 씻는 역할을 하는데 그렇다면 세례 이후에 짓는 죄가 문제가 된다. 로마제국의 핍박을 받던 교회는 배교라는 심각한 죄를 짓는 경우도 종종 있었기에 세례를 되도록이면 미루려 했다. 이렇게 세례 이후에 짓는 죄를 해결하는 길로 도입된 것이 고해였다. 교회는 처음부터 큰 죄(배교, 살인, 간음 등)의 경우에는 공개적으로 고해자로 등록하고 길고 엄한 고해 과정을 밟게 했다. 이 고해과정 자체가 혹독할 뿐만 아니라 고해 이후에는 가정생활이나 사회생활에 엄청난 제약을 받았기에 고해자로 등록하기를 주저했다. 이렇게 공개적인 고해는 되도록이면 피하고 싶어했기에 자연스럽게 사적인 고해가 등장할 수밖에 없었다. 중세교회는 고해를 세 단계로 나누어서 구체화했다. 첫째 단계가 마음으로의 통회이고, 둘째 단계가 입으로의 고백이고, 셋째 단계가 행위로의 보속이다. 이 과정을 다 밟고 나면 사제가 사죄를 선언한다. 고해의 단계를 세분화하면서 그 모든 과정을 신자 자신이 노력하여 보상해야 했다. 이 점이 문제가 되었다. 통회, 고백, 보속이 하나님의 용서를, 아니 교회의 용서를 끌어내기 위한 조건이 되고 말았다. 심지어 '정가고백'이라는 용어조차 등장했다. 모든 죄에 대한 가격을 매겨서 그 값을 치루면 자동적으로 죄를 용서받을 수 있는 시스템을 만들었다. 이제 고해는 그리스도의 공로가 아니라 신자가 쌓는 공로로 인해 자동적으로 용서를 받는 기제가 되어 버렸다.

독일의 개혁자 마틴 루터는 바로 이 고해성사를 공격했다. 그가 빗텐베르크 성문 교회의 문에 붙인 95개조 반박문의 첫 번째 조항이 회개의 본질에 대한 것이었다. "그리스도께서 회개하라고 하셨을 때 그것은 신자의 전 삶이 회개하는 삶이 되어야 할 것을 말씀하신 것이다." 루터는 교회의 용서가 죄의 용서가 아니라 죄에 대한 벌을 경감시켜주려는 인위적인 노력일 뿐이라고 힐난했다. 그는 죄의 용서는 오직 하나님의 일이기에 신자가 사제에게 찾아가서 사적으로 고해하여 교회의 용서를 얻어내기보다는 하나님 앞에서 늘 죄인으로 드러나는 것이 더 낫다고 말했다. 이제 더 이상 고해는 성사로서 설 자리가 없어진 셈이다.

공적 회개의 필요성

교회에 자신의 죄를 고해서 죄를 용서받을 필요가 없다면 신자는 사적으로 하나님 앞에 자신의 죄를 고백하기만 하면 되지 않을까? 하나님께 대하여 지은 죄는 하나님께만 고백하면 되지 않겠는가? 그런데 어떤 죄는 마음으로 하나님께 잘못했다고 고백하는 것으로 끝내서는 안 된다. 우리가 이웃에게 잘못한 것에 대해서는 찾아가서 용서를 구해야 한다. 하나님께 하는 고백으로 사람에게 용서해 달라고 할 필요가 없다는 생각은 엄청난 잘못이다. 예수님이 친히 말씀하셨듯이 너희가 하나님께 제물을 드리기 전에 사람과 불화한 것이 생각나면 그 사람을 찾아가서 화해하고 와서 제물을 드리라고 했다. 사람과의 화해가 없다면 하나님과의 화해도 없다는 말이다.

흥미롭게도 개혁자 마틴 루터는 고해성사를 격렬하게 비판했으면서도 신자가 사제에게 찾아가 고해할 수 있는 길을 열어 두었다. 신자가 죄를 짓지 않고 살면 좋겠지만 현실은 그렇지 않다. 신자는 죄를 지을 가능성이 있고, 실제로 죄를 짓기도 하기 때문에 그 죄를 고백하고 회개해야 한다. 이것을 사제에게 찾아가 고해할 수 있다. 그런데 루터는 사제에게 개별적으로 찾아가 고해하는 정도가 아니라 예배시간에 신자들이 공적으로 회개하는 시간을 가지는 것이 좋겠다고 보았다. 이후에 루터교회는 예배의 첫머리에 공적인 회개의 순서를 넣어 지금까지 시행하고 있다. 제네바의 개혁자 칼뱅도 스트라스부르의 부써에게 배워서 죄를 고백하는 순서를 예배시간에 넣으려고 했다. 제네바 시의회는 이런 시도에 의혹을 제기하면서 강력하게 반대했다. 결국 칼뱅은 포기했다. 시의회는 그 순서가 '새로운 사상'(novitas)이기 때문에 예배 순서에 들어갈 수 없다고 했지만 사실 로마교회의 고해성사의 잔재라고 오해했기 때문이기도 하다. 예배시간에 갖는 회개 순서는 사적인 고해에서 공적인 고해로의 전환이다. 중세 때 말씀 예전이 약화되고 성찬 예전이 예배 전체를 지배하면서 사제가 미사를 준비하는 과정에서 개인적으로 죄를 고백하는 시간을 가졌다. 예배 때 신자들이 자신들의 죄를 공적으로 하나님께 고하는 순서는 없었다. 고해는 예배 전에 사제에게 가서 비밀리에 했다. 개혁자들은 공적인 고해의 필요성은 인지했기에 예배 순서에 도입하려고 했다.

사죄 선언의 중요성

개혁자 마틴 루터가 고해성사를 극렬하게 비판하면서 정작 고해가 필요하다고 본 것은 목회의 현실을 잘 알았기 때문이다. 그는 사제가 마지막으로 하는 사죄 선언의 의의에 주목했다. 사제의 사죄 선언이 유효한 근거는 사제 자신의 권위가 아니다. 사죄 선언의 효력은 다른 그 어떤 것에서 나오지 않는다. 하나님의 약속의 말씀 자체로부터 나온다. 사죄 선언의 문구는 성경구절을 있는 그대로 인용한다. 신자가 행했던 이전의 모든 고해과정은 인간의 공로로 전락했지만 이 사죄 선언만큼은 하나님의 말씀의 권위 자체로 선포되기 때문에 효력이 있다.

루터는 고해하는 과정을 힘들게 만들수록 그 모든

과정이 인간의 공로가 되기 쉽다는 사실을 간파했다. 이와 달리 사제가 마지막으로 선언하는 용서의 말씀은 어떤 경우에도 인간의 공로가 될 수 없다는 것을 알았다. 그래서 그는 소교리문답을 만들 때에 고해를 두 가지로 구분하여 설명하기도 했다. "고백에는 두 가지 부분이 포함되어 있습니다. 첫째는 우리 죄를 고백함이요, 둘째는 하나님의 일을 맡아보는 목사로부터 받는 사죄 혹은 사면인데 하늘에 계신 하나님으로부터 직접 사함을 받는 듯이 의심 없이 믿는 것입니다." 목사의 공적인 사죄 선언이 무엇보다 중요하다는 지적이다. 사죄 선언은 공적으로 선포되어야 한다. 그런데 이 사죄 선언에 조건을 달아야 하지 않을까? 진정으로 회개했는지 확인할 길이 없기에 조건을 달아서 사죄 선언을 해야 하지 않느냐는 질문이다. 목사의 사죄 선언 자체가 죄를 용서해주는 신비한 능력이 있지는 않다. 그러니 진정한 회개가 선행되어야 하는 것은 당연하다. 하지만 공적으로 사죄 선언을 하면서 또 다시 조건을 단다면 신자들이 약속의 말씀이 아니라 자신의 내면에 집착하기 쉽다. 신자 자신의 내면을 골똘하게 들여다보아서 용서의 느낌을 가지도록 부추기기 쉽다는 사실이다. 그러니 목사는 성경에 기록되어 있는 용서의 말씀을 있는 그대로 선포하는 것이 좋겠다.

성경 구절로 하는 사죄 선언

성경에는 사죄의 말씀으로 사용할 수 있는 구절들이 참으로 많이 있다. 우리가 너무나 잘 아는 요한복음 3:16을 사용할 수도 있다. 이 구절은 전도할 때에만 사용할 수 있는 구절이 아니라 하나님의 백성들에게 사용될 수 있는 구절이다. 베드로가 백부장 고넬료에게 마지막으로 했던 말도 사용할 수 있다(행 10:43). "그를 믿는 사람들이 다 그의 이름을 힘입어 죄 사함을 받는다."

"미쁘다 모든 사람이 받을 만한 이 말이여"라고 시작하는 디모데전서 1:15도 사죄 선언으로 사용하기에 좋은 구절이다. 그 외 하늘에서 중보하고 계시는 그리스도를 묘사하고 있는 히브리서 7:24-25과 요한일서 2;1-2도 사죄 선언으로 사용하기에 훌륭한 구절들이다.

예배 시간의 죄 고백의 순서

예배 안에서 죄 고백의 순서들을 어떻게 진행하면 좋을지 살펴보자. 먼저 우리는 십계명, 즉 언약의 열 가지 말씀 낭독부터 시작하는 것이 좋다고 본다. 물론 이것은 개혁자 마틴 루터의 신학에 가까운 내용이지만 십계명으로 우리 자신의 죄악을 돌아보는 것은 얼마든지 필요하다. 회중이 충분히 성숙한 후에는 개혁자 장 칼뱅의 주장처럼 용서의 말씀을 선포한 후에 하나님께 감사하면서, 하나님의 백성으로 살아가기를 결심하면서 십계명을 낭독할 수도 있겠다. 십계명을 사용하는 이 두 가지 방식이 서로 다르다고 생각할 필요는 없다. 오히려 서로를 보완해주고 있다. 지혜롭게 판단하면 된다.

목사가 십계명을 낭독한 다음에는 회중이 언약의 말씀으로 자신을 돌아보며 회개하는 시간을 가진다. 공적인 회개의 시간이라고 해서 자신의 죄를 큰 소리로 떠들며 외칠 필요는 없다. 사적으로 하는 회개와 달리 온 회중이 그리스도의 몸에 속한 지체로서 하는 회개의 시간임을 염두에 두어야 한다. 자신의 개인적인 죄를 하나님께 조용히 고하더라도 자신의 내면만을 들여다 보지 말고 하나님의 회중 전체가 하나님 앞에 서 있다는 경외감을 가지고 회개해야 할 것이다. 이때 우리 개혁자들이 남겨준 공적 회개의 기도문들을 활용해도 좋겠다. 즉흥적인 기도만이 성령께서 역사하는 기도라는 생각은 지나치다.

조용하게 반주가 울려 퍼지는 가운데 온 회중이 몇 분 동안 공적회개의 시간을 가지고 나면 예배 인도자인 목사가 사죄 선언을 한다. 목사는 그 주일에 선포할 사죄 선언의 말씀을 미리 정해 놓아야 한다. 매 주일마다 용서의 말씀을 바꿀 필요는 없다. 특정한 용서의 말씀을 몇 달간 사용해도 무방할 것이다. 얼마나 기다려온 말씀인가? 온 회중은 용서의 선포가 목사의 마음에서 우러나온 경건한 기원이 아니라 하나님의 말씀 자체임을 크게 기뻐한다. 하나님께서 친히 주신 용서의 말씀 외에 우리에게 회개의 확신을 줄 수 있는 것이 어디에 있겠는가?

용서의 말씀을 들은 회중은 하나님께 '감사송'을 올려 드린다. 이 곡은 주후 4세기까지 거슬러 올라가는데 '키리에 엘레이손'(Kyrie eleison)이라고 불렀다. '주여, 우리를 불쌍히 여기소서'라는 가사의 곡이다. 성경에 이 표현이 여러 번 등장하고 있다(마 15:22, 25; 20:30, 31 등). 불쌍히 여겨 달라는 내용이기에 사죄 선언 이후에 부르기에는 어색할 수도 있겠지만 그렇게 볼 일이 아니다. 새찬송가 632장에 딱 한 곡 수록되어 있다. 그런데 새찬송가에는 '그리스도의 고난', '회개와 용서'라는 제목으로 분류된 곡이 많기에 이런 곡들 중에서 선택하여 사용할 수도 있겠다. '시편 찬송'을 부른다면 더 좋겠다. 시편은 수많은 탄식시들로 가득 차 있다. 탄식과 탄식 후에 하나님의 구원을 노래하는 수많은 시편찬송 중에 하나를 선택하면 되겠다. 용서의 말씀을 들은 회중이 시편송으로 탄식과 구원을 노래한다면 옛 교회와 새 교회가 그리스도 안에서 동일한 구원을 누리고 있음을 외치는 셈이 되지 않겠는가?

9. 찬송

어떤 찬송이 합당한가?

찬송
– 어떤 찬송이 합당한가?

예전씨 예배에서 찬송이 무엇보다 큰 비중을 차지하지요. 요즘은 교회가 어느 정도 규모만 되면 오케스트라를 구성하려고 애를 쓰는 것 같아요. 성가대가 없는 교회가 없고, 성가대의 찬양이 없는 예배도 없지요. 그런데 예배 때 정작 무슨 찬송을 불러야 할 지 진지하게 토론하는 분위기는 없는 것 같아요. 예배의 분위기를 띄울 수 있는 찬송이면 어떤 것이든지 상관이 없다고 생각하네요. 그래서는 안 되지요. 모든 신자들이 같이 아멘으로 화답할 수 있는 찬송을 불러야 하지 않겠어요?

자율씨 저도 예배 때 찬송이 무엇보다 중요하다는 것을 절감해요. 그런데 우리가 찬송에 대해 너무 경직된 사고방식을 가지고 있어요. 찬송은 마음에서 우러나와야지요. 자발성이 무엇보다 중요하고요. 찬송가에 있는 찬송뿐만 아니라 소위 말하는 복음송을 많이 도입할 필요가 있어요. 사실 찬송가에 있는 많은 곡들이 19세기 미국대부흥기에 불려진 복음송이 아니었나요? 우리도 우리 정서에 맞는 찬송을 많이 만들어야 합니다. 언제까지 서양의 찬송에 매여 있을 건가요?

예전씨 교회가 자신의 고백을 새롭게 담은 찬송을 만들어 내는 것이 왜 문제겠어요? 종교개혁이 예배의 개혁이라고 할 때에 거기에는 찬송의 개혁이 큰 부분을 차지했지요. 성직자들이 독차지했던 찬송을 회중들에게 돌려준 것이 개혁의 큰 기여였지요. 그런데 이제는 성가대라는 것이 만들어져 찬송을 전문가들이 독차지하려는 모습마저 보이려고 해요. 성가대의 역할을 무시하는 것이 아니에요. 성가대는 회중과 유리되어서는 안 되고 회중의 찬송을 인도해야 된다는 생각을 한시라도 잊지 말아야 해요.

자율씨 성가대의 역할을 너무 무시하면 안되지요. 회중의 찬송은 한계가 있어요. 예배 인도자인 목사가 찬송을 정하는데 그것도 천편일률적이고요. 최근에 시편찬송을 도입하려는 교회들이 있는데 안 그래도 교회가 전근대적이라는 말을 듣고 있는데 종교개혁시대의 곡조로 돌아가는 것이 무슨 유익이 있을지 걱정이 돼요. 성가대에 적극적인 역할을 맡겨서 공연을 한다는 생각으로 예배 찬

> 양을 준비하도록 할 수도 있겠지요. 우리가 언제까지 흘러간 옛 노래를 부르고만 있을 건가요?

찬송의 중요성

인간의 삶에서 음악이 중요한 역할을 하듯이 예배 시간에도 마찬가지라고 할 수 있다. 우리는 음악이 없는 예배는 상상할 수조차 없다. 사람의 흥을 돋우는 데에 음악만큼 좋은 것이 없듯이 신자들의 마음을 고양시키는 요소로 음악만한게 있겠는가. 많은 교회들은 예배가 시작될 때 찬송하는 시간을 많이 가짐으로 예배분위기를 조성하려고 한다. 소위 말하는 '준비 찬송'인데 찬송이면 찬송이지 무슨 준비찬송이냐고 힐난하는 이들이 있지만 예배를 준비하기 위해 찬송만큼 좋은 것이 없다는 생각에는 대부분 동의할 것이다.

하나님의 백성은 찬송하는 백성이다. 신학의 목표가 송영(Doxology)이듯이 예배의 목표도 그와 다르지 않을진대 교회는 예배를 통해 하나님을 찬송하지 않을 수 없다. 하나님께서 하신 일을 찬송하는 것이야말로 하나님의 백성들이 당연히 해야 할 바이다. 출애굽기 15장을 보면 홍해에서 구출받은 하나님의 백성들이 최초로 회중찬양을 하는 장면을 볼 수 있다. 이스라엘 백성들은 하나님께서 자기들을 물에서 건져내시되 바로 그 물에서 애굽의 군대가 수장되었음을 노래했다. 그들은 이 모든 것이 오직 하나님의 손으로부터 나왔음을 노래하면서 '여호와는 나의 힘이요 노래시며 나의 구원이시로다'라고 찬송했다. 이 노래가 바로 '모세의 노래'이다. 요한계시록 15장에 보면 환난을 벗어난 하나님의 백성들이 마지막 날에 부르는 노래를 소개하고 있다. 그들은 가장 오래된 찬송, 곧 모세의 노래를 부를 것이라고 한다. 유행을 타지 않고 마지막 날까지 부를 노래가 바로 이 모세의 노래이다. 한편 이 모세의 노래는 다른 말로 '어린 양의 노래'라고도 한다(계 15:3). 홍해에서 건져주신 하나님의 구원을 노래한 모세의 노래는 하나님께서 보내주실 어린 양 예수 그리스도의 은덕을 노래함으로써 완성되었음을 보여준다.

하나님의 백성들은 처음부터 하나님의 구원을 노래했고, 마지막 날까지 하나님이 베풀어주신 동일한 구원을 노래할 것이다. 교회는 오직 하나님의 영광을 노래한다. 교회는 공동으로 받은 구원에 관해 노래한다. 옛 가사, 옛 곡조로 노래한다고 할지라도 교회의 노래는 늘 새로운 마음으로 부르는 새 노래일 수밖에 없다. 삼위 하나님께서 베풀어 주신 구원의 은혜가 늘 새롭기 때문이다. 성령께서는 그리스도께서 이루신 구속사역을 새롭게 깨닫게 하셔서 하늘 아버지께서 늘 새로운 감사와 감격으로 노래하게 하신다. 삼위 하나님께서는 우리의 노래의 대상일 뿐만 아니라 우리의 노래가 늘 새로울 수 있도록 역사하신다. 교회는 그 어떤 최신 곡보다도 새로운 노래를 하도록 부름받았다.

예배찬송의 개혁

구약의 하나님의 백성들이 약속의 땅에 정착하고 나서부터 예배 음악이 놀랍도록 발전하였다. 왕 다윗은 레위인들로 하여금 성가대를 조직하게 하였고, 각종 악기를 동원하여 하나님을 노래하도록 하였다. 150편으로 구성된 시편은 하나님의 백성들이 예배 때 부른 찬양의 일부분일 뿐이다. 신약시대로 넘어와서 예배 음악이 다시 한번 더 분출된 때가 있었다. 오순절에 성령께서 강림하신 사건을 계기로 해서이다. 성령께서는 적용의 영이 되셔서 주의 교회에 그리스도의 구원을 다양하게 적용한 노래를 만들어내게 하셨다. 고대교회에는 '시와 찬송과 신령한 노래들'이라는 관용구로 표현되는 수많은 노래들로 예배를 가득 채웠다.

핍박의 시대를 거쳐 기독교가 로마제국의 공식적인 종교가 되면서 교회 음악은 또 다시 한번 큰 변화를 경험한다. 은밀하게 입속으로 웅얼거리던 음악이 이제는 큰 소리로 터져 나오기 시작한 것이다. 중세가 되면서 교회 음악은 겉으로 볼 때는 심대한 발전을 이룬 것처럼 보인다. 교회 음악이 서양 음악의 전부였다고 할 정도로 교회 음악은 크게 발전한다. 곳곳에 찬양대 학교가 세워졌고, 이 찬양대 학교가 바로 성직자를 양성하는 기관이 될 정도였다. 하지만 이제부터 예배 시간의 찬송은 전문 찬양대, 즉 성직자들의 전유물이 되기 시작했다. 회중은 예배에 참석하여 성가대의 멜로디에 자신의 몸을 맡기는 것으로 만족했다.

종교개혁은 성직자의 전유물이 된 찬송을 회중의 입에 다시금 돌려주었다. 하나님의 회중들은 다시금 자신들의 입으로 찬양할 수 있게 되었다. 중세 시대에 회중은 오직 성직자들의 입을 주목하기만 할 뿐이었다. 회중은 성직자들의 입에서 흘러나오는 신비스러운 멜로디에 자신들의 귀를 맡긴 채 하나님을 예배했다. 회중들의 귀는 열려 있었지만 정작 그들은 아무 것도 듣지 못한 채 하나님을 예배했다. 개혁은 이 폐단을 시정했다. 우리가 잘 알듯이 개혁자 마틴 루터는 직접 찬송가를 작사하여 예배에서 사용하도록 할 정도로 음악에 큰 관심을 가졌다. 제네바의 개혁자 장 칼뱅은 작곡자를 고용하여 당시에 유행하던 운율에 맞추어 시편 150편 전체에 곡을 붙인 소위 말하는 『제네바 시편』을 편찬하였다. 초대교회 때 무지렁이와 같은 농부들이 밭에서 일하면서 시편을 흥얼거리던 모습을 이제 다시 볼 수 있게 되었다. 개혁은 성경을 회중들의 손에 돌려주었을 뿐만 아니라 찬송을 그들의 입에 돌려주었다.

시편찬송

최근에 한국교회에서도 시편찬송에 대한 관심이 커지고 있다. 공예배 시간에 부르는 찬송으로 어떤 것이 적합하냐는 근본적인 질문에서부터 시작해 보자. 공예배 시에 부르는 찬송은 공교회적인 신앙고백에 충실한 노래라야 할 것이다. 우리가 가지고 있는 찬송가에는 19세기의 대부흥기에 작사 작곡된 찬송, 즉 개인의 내밀한 신앙체험을 노래하는 찬송들이 너무나 많다. 그 체험이 지나치게 주관적이기에 온 회중이 다 같이 고백하고 노래할 수 없는 가사들이 종종 있다. 예를 들면 '주여, 지난 밤 내 꿈에 뵈었으니' 라든가 '나의 사랑하는 책 비록 해어졌으니 어머니의 무릎 위에 앉아서 재미있게 듣던 말 그때 일을 지금도 잊지 않고 기억합니다' 등등의 가사들이다.

시편에도 개인적인 신앙체험들이 다양하게 들어 있

지만 하나님께서는 섭리 가운데 그 특정 경험들마저 교회의 고백, 교회의 찬송으로 승화시켜 주셨다. 교회가 공식적으로 받은 시편으로 노래한다고 해서 옛날로 돌아간다고만 할 수 없다. 교회가 공교회성을 고백하는 바른 길이다. 우리가 위에서 살펴보았듯이 칼뱅이 편찬한 『제네바 시편』은 지금까지도 서양의 개혁교회들이 애창하고 있다. 아름다운 전통으로 자리 잡았다. 그들은 시편에 곡조를 붙여 노래한 곡이 있는데 굳이 다른 곡들을 만들거나 부를 이유를 느끼지 못했던 것이다.

우리도 시편찬송을 도입해야겠지만, 몇 가지 걸림돌이 있다. 우선 제네바 시편 곡들은 우리에게 익숙하지 않다. 단순한 곡조와 가락임에도 불구하고 현대인들이 지나치게 감정적이고 기교적인 곡들에 익숙해져 있어서 그런지 모르겠지만 우리가 따라 부르기 어렵게 느껴진다. 우리가 시편을 읽을 때 종종 거리낌이 있듯이 그 가사가 거리낌이 될 때도 있다. 저주의 시편들이 대표적일 것이다. 시편찬송 곡조에 한글가사를 가락에 맞게 번역해 내는 것도 큰 어려움 중에 하나이다. 이미 시중에 다양한 시편찬송가들이 나와 있는데 공회의가, 즉 총회나 노회가 신중하게 검토해서 각 교회에 제시해 주어야 한다. 우리에게 보다 익숙한 스코틀랜드 곡주의 시편(고려서원에서 발간)이 있다는 것도 알면 좋겠다.

성가대의 역할

예배 찬송하면 의례 성가대의 역할을 머릿속에 떠올린다. 성가대를 어떻게 조직할 것이냐가 예배를 발전시키는 일에 가장 큰 요소라고 생각한다. 수고비를 주어가면서 교회 외부에서 지휘자와 반주자를 데려오는 일도 흔하다. 어느 정도의 규모가 있는 교회라면 오케스트라를 만드는 일에도 큰 관심을 기울이고 있다. 예배를 뮤지컬처럼 기획하는 경우마저 있다.

찬양대냐, 성가대냐 하는 용어의 문제는 차치하고라도 우리는 성가대의 역할이 무엇인지를 분명히 해야 할 것이다. 성가대는 자신들이 원하는 곡을 정해서 자신들의 기량을 발휘하는 것을 목표로 해서는 안 된다. 어느 누가 그렇게까지 생각하겠냐고 하겠지만 작금에 우리는 그런 우려를 할 수밖에 없는 상황을 많이 만난다. 성가대석을 따로 만들어서 회중석과 분리하는 것도 문제거니와 성가대가 회중에게 수준 높은 음악을 공연하기 위해 존재하는 것처럼 생각하는 것은 엄청난 착각이다. 이런 생각이야말로 중세교회의 성가대로 돌아가려는 것이지 않겠는가!

성가대는 어떤 경우에도 회중과 유리되어서 존재할

수 없다. 성가대는 회중의 찬양을 돕는 것을 최우선으로 해야 하고, 그것을 유일한 일로 생각해야 한다. 성가대는 회중을 대표하여 찬양하고, 회중과 더불어 찬양해야 한다. 여기서 강조점은 대표하는 데 있지 않고 '더불어' 하는 찬양에 있다. 굳이 회중들과 마주보고 서 있는 성가대의 역할을 말하라면 회중으로 하여금 하나님을 찬양하도록 자극하는 역할이다. 성가대가 특별 찬양을 많이 할수록 회중의 입으로부터 찬송을 빼앗고 있음을 잊지 말아야 할 것이다.

예배중의 찬송들

예배 중에 찬송을 몇 번 해야 할까? 몇 번이든 상관없을까? 되도록 찬송을 많이 하면 좋은가? 한국교회처럼 예배가 집회와 그렇게 다르지 않은 상황에서는 예배시작 부분에 각종 악기를 동원한 찬양팀이 찬송을 인도하는 것이 자연스러운 풍경이 되었다. 예배를 마치고 나서도 찬양을 계속해서 이어 하는 경우도 있다. 예배찬양의 문제는 자유의 여지가 충분히 있지만 예배의 전체 흐름에 적합한 찬송을 잘 선곡하여 배치해야 할 것이다.

전통적으로 예배 시작은 '예배로의 부름', '기원', '찬송'의 세 가지 요소로 이루어져 있다. 이것을 '예배 시작의 세 가지'라고 부른다. 이 부분에서는 소위 말하는 '경배와 찬송'의 곡들이 좋겠다. 두 번째 찬송은 '십계명 선포', '죄 고백', '사죄 선언' 후에 오는 찬송인데 이때는 사죄의 은혜를 감사하는 찬송이 자연스럽다. 세 번째 찬송은 '성경 봉독과 설교' 후에 하는 찬송인데 받은 말씀에 대한 반응으로서의 찬송이면 좋을 것이다. 한국교회에서는 성경봉독과 설교 사이에 성가대의 찬양이 자리 잡고 있는데, 이때 성가대는 교회력에 맞추어 찬송하든지, 설교로 이끌어 주는 찬송을 하는 것이 바람직하다. 마지막 찬송은 예배 마침 부분에 하는 찬송인데 '강복 선언'(축도) 직전에 세상으로 파송 받은 하나님의 백성들이 부르는 노래이다. 세상을 향한 진군가라고 불러야 할까?

우리는 예배중의 찬송을 개 교회의 취향이나 능력의 문제로 돌리면 안될 것이다. 예배 음악은 다른 그 어떤 문제가 아닌 신학적 확신의 문제이다. 예배 찬송은 고백의 문제이다. 예배 찬송에는 죄 고백과 회개가 포함될 수밖에 없지만 주관적이고 신비로운 체험에 호소하는 찬송을 지양해야 한다. 우리는 그리스도께서 교회를 구원해 주신 은혜를 한 마음으로 드리는 찬송을 지향해야 한다. 신자는 개인적으로 구원받지 않는다. 교회에 속해서 구원받는다. 그렇다면 우리의 찬송은 항상 교회에 속해서 교회의 찬송을 불러야 할 것이다. 신자의 삶은 예배 때 어떤 찬송을 했느냐에 의해 결정된다고 해도 과언이 아니다. 찬송은 예배를 위한 조미료가 아니라 예배의 재료이며, 예배의 기반이다.

10. 기도

누가 어떻게 해야 하나?

기도
- 누가 어떻게 해야 하나?

자율씨 저는 기도야말로 예배에서 가장 중요한 요소라고 생각해요. 예배가 목사의 일방적인 독주가 되지 않기 위해서라도 회중의 기도 참여를 적극적으로 유도해야 하겠지요. 순수한 의도라면 설교 전후에 기도를 배치하는 것도 좋은 방법이라고 봐요. 교인들은 설교듣기 위해 기도로 준비하는 것이 필요하고, 설교 후에 그 말씀으로 자신을 돌아보며 기도하는 것도 필요하니까요. 예배 기도조차 직분자들이 장악하고 있는데 이것은 반드시 교정해야 할 부분이지요.

예전씨 예배에 기도 순서가 포함되는 것은 너무나 당연하지요. 예배 때 회중의 기도가 당연히 있어야 하고요. 하지만 우리는 기도를 논의할 때 공예배의 성격을 중심에 두어야 해요. 예배 때의 기도가 신자 각자의 소원을 하나님께 아뢰는 방식이라면 곤란하지 않을까요? 기도가 필요 없다는 말이 아니라 공예배니까 회중이 한 마음과 한

입으로 하나님께 나아가고 있음을 잊지 말아야 하지요. 회중의 자발적인 기도를 무시하지 않으면서도 회중의 고백을 하나로 묶어 기도로 올려드리는 것이 중요하지요.

자율씨 대표기도가 너무 형식적이에요. 요즘은 기도문을 작성해 와서 그것을 그대로 줄줄 읽어 내려가는 것이 기도라고 생각하는 듯해요. 대표기도가 너무 무책임한 것이 아닌가요? 좋은 기도문을 베껴서 그대로 읽은 것이야 누가 못하겠어요? 하기야 직분자들이 즉석 기도를 하면서 횡설수설하면서 기도를 길게 끌고 가는 것보다는 낫다고 할 수 있을지는 모르겠지만요. 기도문을 사용하면서도 성령의 역사를 의지하는 기도가 제일 낫다고 해야 할까요?

예전씨 직분자의 기도가 신통찮다는 것은 인정해요. 직분자들의 기도가 교인들을 훈계하는 기도가 되어가고 있다는 것도 문제지요. 그런데 이상하게 들릴지 모르겠지만 직분자의 기도는 '뻔한 기도'여야 해요. 직분자는 온 회중의 입이 되어서 하나님께 기도하니 신자라면 누구나 동의할 수 있는 고백적인 기도를 드려야 하니까요. 공기도는 별난 기도일 수가 없지요. 회중은 직분자의 기도가 자신들을 위해 복을 빌어주는 기도가 아니라 자신들의 고백을 잘 대변하는 기도를 요구해야 하지요.

기도의 중요성

기도가 예배에 있어서 중요한 요소라는 것은 불문가지의 사실이다. 성전은 하나님께 제사하는 집이었지만 그 제사는 기도와 다를 바가 아니었다. 하나님께서는 성전을 '기도하는 집'(사 56:7)이라고 하셨다. 성전에는 이방인이 감히 가까이 나아갈 수 없었지만 장차 성전은 만민이 기도하는 집이 될 것이다. 성전은 모든 인생을 위해 활짝 열리게 될 것이다. 하나님께서는 예수 그리스도께서 성취하신 구속사역을 통해 성전을 만민에게 활짝 열어 주셨다. 이제 누구든지 그리스도의 이름으로 하나님께 구할 수 있는 복된 길이 열렸다.

성령 충만한 교회는 기도하는 교회이다. 우리는 성령께서 강림한 후에 세워진 교회가 힘써 기도했음을 알고 있다. 제자들은 성령께서 강림하시기를 기도했고, 강림하신 성령께서는 교회로 하여금 계속해서 기도하게 하셨다. 고대 교회는 사도들의 가르침을 받아 모일 때마다 기도에 힘썼다(행 2:42). 교회는 핍박받는 구체적인 상황을 하나님께 아뢰면서 도움을 간구하였다(행 4:24; 12:5). 사도들은 기도하는 일과 말씀 전하는 일에 힘썼을 뿐만 아니라 안수를 겸한 기도를 통해 각 교회에 직분자들을 세웠다.

신약교회가 예배에서 기도문을 사용하게 된 것은 회당의 영향 때문이다. 회당 예배의 가장 중요한 요소는 율법낭독과 해설이었지만 기도도 중요한 요소였다. 예수님 당시 유대교에는 이미 몇 개의 중요한 기도문들을 사용하고 있었다. 율법 해설 후에 회중이 함께 낭독한 '카디쉬'(Kaddish)라는 짧은 기도문(이 기도문을 주기도문과 그 내용이 비슷하다)도 있었고, '테필라'(Tepillah)라는 18번의 긴 축복 기도도 있었다. 이방인들이 예수님을 믿게 되자 교회는 유대인들이 사용하던 기도문을 주님이 가르쳐주신 기도문으로 대체했고, 더 나아가 신약성경 구절에 근거한 기도문을 만들어 사용하기 시작했다. 고대 교회에서는 회중이 다 같이 기도하는 것이 흔한 모습이었다.

기도의 재발견

중세로마교회가 예배를 미사로 바꾸면서 회중의 입에서 찬양뿐만 아니라 기도를 빼앗아갔다. 예배를 인도하는 성직자는 홀로 정해진 기도문을 낭송하기 시작했다. 말씀의 예전이 끝난 후에 이어진 다락방 예전, 즉 성찬에서는 성직자의 기도가 끝없이 이어졌다. 하나님의 창조, 섭리, 구속에 대하여 감사하는 기도뿐만 아니라 그리스도의 수난을 회상하는 기도며 성물을 봉헌하는 기도, 그리고 성물에 성령께서 임재해 주시기를 기원하는 기도를 드렸다. 마지막으로는 회중을 포함한 온 세상을 향한 아주 긴 중보 기도가 이어졌다. 회중은 성직자들의 입을 바라볼 수밖에 없었다. 예배가 미사로 발전하면서 회중이 기도의 입을 잃게 되었다는 것이 얼마나 아이러니한가!

종교 개혁가들은 예배 때 드리는 기도가 얼마나 중요한지를 다시금 깨달았다. 개혁가들은 찬송도 마찬가지이지만 성직자들의 전유물이 된 기도를 원래의 자리로 되돌려 놓았다. 우선 개혁가들은 미사 때의 긴 기도문을 가급적 축약했다. 너무 긴 기도문에 지칠 수밖에 없는 회중을 고려한 것이다. 한편 개혁가들은 예배 시작 때 온 회중이 하나님께 회개하는 순서를 넣기도 하고, 기도문을 읽거나 회중들이 같이 기도하는 시간을 가지도록 했다.

개혁자들은 회중의 자발적인 기도뿐만 아니라 예배를 인도하는 목사의 기도도 중요하게 생각했다. 예배에서 목사의 기도와 회중의 기도는 서로 등을 지고 있지 않다. 개혁가들은 목사의 기도가 중세 시대처럼 회중의 입을 닫게 하는 기도가 아니라 회중의 입을 열게 하는 기도라고 보았다. 그들은 목사의 기도가 회중의 기도를 인도하는 기도라고 보았다. 목사는 회중을 격려하여 하나님께 기도하는 자리로 나아가게 한다. 목사는 하나님을 대신하여 설교할 뿐만 아니라 회중을 대표하여 기도한다. 목사는 기도에 있어서도 회중의 모범이 되어야 한다.

기도문의 중요성

성경에 기록되어 있는 모든 기도는 즉흥 기도일까, 아니면 미리 준비된 기도문일까? 예수님의 기도를 포함하여 그 모든 기도들이 미리 준비된 기도문으로 보이지는 않는다. 주님의 백성들은 자신들이 처한 다양한 상황에서 성령의 도우심으로 자발적으로 기도하였다. 놀라운 것은 그 모든 기도들이 일관성이 있다는 것이다. 우리가 구약과 신약의 모든 기도를 일렬로 나열해 그 흐름을 파악해 보면 놀랍게도 그 모든 기도들이 공명을 이루고 있음을 알 수 있다. 하나님께서는 우리의 기도를 억압하지 않으신다. 성령께서는 우리가 자발적으로 기도하게 하시면서 동시에 교회 속에서 기도하게 하신다. 그러므로 모든 기도는 삼위 하나님을 향한 충실한 기도가 된다.

때를 따라 도우시는 은혜를 믿는다고 해서 기도문을 만드는 것이 잘못된 것은 아니다. 개혁가들은 회중들의 기도를 돕기 위해 기도문을 완전히 배척하지 않고 잘 활용하였다. 종교개혁은 예배를 위한 다양한 기도문을 만들었다. 예를 들어 1537년경 스트라스부르에서는 세 가지 죄의 고백기도문, 세 가지 봉헌기도문, 네 가지 성찬 후 기도문 등을 만들어서 사용했다. 이 기도문들은 다양하게 활용될 수 있는 좋은 기도문들이었다. 그런데 세월이 흐르면서 이런 기도문들은 장황하게 길어지고 교훈적인 내용들로 가득 차게 되었다. 예배자들의 다양한 요구사항들이 기도문들에 반영되다보니 고백적인 언사들이 위축되는 경향을 보이게 되었다.

청교도들과 이후 세월이 많이 흐른 후의 일이기는 하지만 경건주의의 영향으로 말미암아 즉흥 기도가 예배에서 크게 부각되기 시작했다. 청교도들은 기도문을 사용하기를 무척이나 싫어했다. 정해진 기도문을 읽은 것은 성령의 역사를 무시하는 처사라는 생각마저 했다. 이에 기도문 없이 성령께서 하시는 말씀을 즉흥적으로 길게 기도하는 것이 유행하기 시작했다. 성령께서는 자기 백성들에게 그 때 그 때 할 말을 주시는 분이기 때문에 염려할 필요가 없다고 생각했다. 이후로 교회에서는 길게 기도하는 은사를 가진 사람을 직분자로 선출해야 한다는 분위기가 지배하기 시작했다.

우리는 교회가 전수해준 기도문을 무시해서는 안 된다. 하지만 중세로마교회처럼 온갖 신심이 반영된 기도문을 맹목적으로 되뇌어서도 안 된다. 그렇다고 해서 성령의 역사를 믿고 즉흥으로 하는 기도만이 옳다고 생각해서도 곤란하다. 사실 즉흥 기도의 위험이 너무나 크다는 것을 우리가 잘 알고 있다. 공예배에서 기도 인도자가 고백과 상반되는 기도를 늘어놓는다든지, 성령의 역사라는 핑계를 대지만 기도를 끊지 못해서 장황하게 끌고 가는 모습을 종종 볼 수 있다. 공기도를 기도 인도자의 개인적인 성향의 문제로 치부한다면 교회에 주신 가장 귀한 선물과 은사를 오용하는 셈이다. 회중이 이런 기도에 '아멘'할 수 있겠으며, 하나님께서 이런 기도를 받으시겠는가?

직분자의 기도

예배시의 기도는 온 회중의 문제이다. 한국교회는 이것을 통성기도라는 방식으로 발전시켰다. 설교 전후에 통성기도를 하는 경우가 많다. 하나님의 말씀을 잘 받게 해 달라고, 설교자의 입술을 지켜 달라고 통성으로 기도한다. 설교 후에는 받은 말씀대로 살게 해 달라고 통성으로 기도한다. 한 번만이 아니라 기도제목을 연속적으로 주고는 기도를 계속적으로 이어가기도 한다. 유럽의 어떤 신학교 교수는 한국 교회의 통성기도를 보고는 교회가 벌집과 같다고 말하기도 했다.

공예배의 기도가 회중의 문제라고 해서 통성기도를 많이 해야 좋다고 할 수는 없다. 회중의 기도를 인도하는 사람을 세울 필요가 있다. 기도의 은사를 받은 사람을 찾아야 할까? 아니다. 직분자가 회중을 대표하여 기도하는 것이 자연스럽다. 모든 직분은 예배를 통해서 나왔기 때문이다. 하나님께서는 예배를 섬기기 위해서 직분을 세우셨다. 목사는 설교를 위해 세웠고, 장로는 설교를 가지고 교인들을 영적으로 돌아보기 위해 세웠고, 집사는 교인들이 성도의 교제에서 소외되지 않도록 하기 위해 세웠다. 그렇다면 목사와 장로가 기도해야 하고, 집사도 기도 인도자가 될 수 있다.

기도는 자신이 영향력 있는 사람임을 증명하기 위한 도구가 아니다. 대표 기도가 설교하는 시간이 되는 경우가 종종 있다. 기도를 통해 교회를 향한 불만을 터뜨리기도 하고, 목사를 포함한 다른 직분자를 공격하기도 한다. 기도문을 점검하고 검사해야 할지도 모르겠다. 직분자는 회중을 대표하여 기도하기 때문에 철저하게 준비해야만 한다. 기도는 간절함만이 전부가 아니다. 말씀에 대한 복창이어야 한다. 기도는 고백과 찬양의 다른 표현 방식이기에 기도자는 신학자일 수밖에 없다.

기도의 배치

예배 시간에 몇 번의 기도순서를 넣어야 할까? 개혁가들은 기본적으로 공예배에 세 번의 중요한 기도를 배치했다. 첫째 기도는 '죄 고백의 기도'이다. 예배가 시작되는 부분에 십계명을 읽고 난 다음에 회중이 죄를 고백하는 기도를 하나님께 드린다. 회중이 죄 고백의 기도문을 다 같이 읽을 수도 있고, 직분자가 그 기도문을 대표하여 읽을 수도 있다. 스트라스부르의 개혁자 마틴 부써가 만든 다음의 죄 고백 기도문을 보라.

"영원하시고 전능하신 주 아버지 하나님! 우리는 불쌍한 죄인들로서 죄악 중에 잉태되어 났으며, 쉽게 악에 치우치고 선을 행할 수 없는 자들임을 거룩하신 위엄 앞에 고백하고 인정합니다. 또한 우리의 악함으로 인해서 끊임없이 거룩한 계명들을 범하였습니다. 그로 인해서 우리는 하나님의 의로우신 심판 앞에 멸망과 영원한 죽음의 형벌을 받게 되었습니다.

오, 주님이시여, 우리가 당신을 진노케 하였음을 애통해하며, 참된 회개와 함께 우리 자신과 우리가 저지른 죄를 미워하면서, 주님의 은혜로 우리의 고통을 벗겨 주시기를 간구합니다. 오, 은혜로우시고 자비가 풍성하신 하나님 아버지, 당신의 아들 우리 주 예수 그리스도의 이름으로 우리에게 자비를 베풀어 주시옵소서. 주께서 우리의 죄와 허물을 제하여 주시고, 매일매일 우리 안에 성령의 은혜를 더하여 주옵소서. 그래서 우리가 전심으로 우리의 불의를 깨닫게 하시고, 애통함으로 우리 안에 참된 회개가 일어나게 하시며, 우리가 죄악을 이기게 하시고, 주님이 기뻐하시는 의와 순전함의 열매가 우리 안에서 맺혀지게 하옵소서. 어제나 오늘이나 동일하신 우리 주 예수 그리스도의 이름으로 기도합니다. 아멘."

둘째 기도는 설교 전에 하는 기도인데 '조명을 위한 기도'라고 부른다. 이 기도는 성경 봉독과 설교 사이에 들어가는 기도이기 때문에 길어져서는 안 되고 말씀에 집중하는 기도여야 한다. 즉, 성령께서 말씀을 열어 주셔서 회중의 생각과 마음을 조명해 주십사는 기도이다. 이상한 것이 대부분의 개혁교회에서 이 기도가 앞의 죄 고백 기도와 합쳐졌다는 사실이다. 회중이 죄를 고백하는 순서가 사라지고 기도 인도자가 회중을 대표하여 죄를 고백하고 용서해 주시기를 간구하고, 말씀을 열어주시고 자신들의 마음을 조명해 주시기를 기도한다. 그래서 이 기도가 아주 긴 기도가 되어 버렸다.

마지막 세 번째 기도는 설교 후에 하는 기도인데 '중보하는 기도'라고 부른다. 이 기도에는 회중의 구체적인 필요를 위해 구할 뿐만 아니라 정부를 위한 기도(딤전 2:1-4), 복음을 대적하는 이들을 향한 기도(마 5:43-48), 그리고 복음전파를 위한 기도(엡 6:19-20) 등이 포함된다. 한국교회는 이 기도를 '목회 기도'라고 부르기도 한다. 개혁가들은 이 기도의 한 예로 '기독교의 모든 필요를 구하는 기도문'(부록 참조)을 만들었다. 교회가 하나님께 구할 수 있는 모든 간구들을 요약한 기도문이다. 이 기도를 통해 회중은 하나님께 어떤 기도를 올려 드릴 수 있는지를 배우는 기회가 되기도 한다. 이 중보하는 기도를 설교 후에 하는 이유가 있다. 하나님의 말씀인 설교를 통해 우리의 필요를 깨닫고 난 다음에 이 기도를 하나님께 올려드리는 것이 자연스럽기 때문이다.

11. 성경봉독과 설교

지금도 말씀하시는가?

성경 봉독과 설교
- 지금도 말씀하시는가?

예전씨 예배에서 성경이 필요 없는 시대가 되지 않았나 싶어요. 성경 봉독 시간에도 대형스크린으로 성경구절을 띄워서 보여주니 교인들은 거추장스럽게 성경을 가지고 교회오지 않아도 되겠다는 생각을 하고 있지요. 그런 모습은 중형교회 정도가 되어야 가능하다고 생각하겠지만 이제는 시골 교회도 웬만하면 다 있어요. 주일이면 예전처럼 교인들이 성경책을 팔에 끼고 교회에 가는 모습을 보기 힘들어졌네요. 스크린을 꼭 그렇게 많이 써야하는지 원….

자율씨 멀티미디어시대를 살고 있으면서 너무 구태의연하게 생각해서는 안 되겠지요. 우리가 성경책을 하나님의 말씀이라고 존중하지만 그 성경이 항상 새롭게 번역되어야 하지 않나요? 성경 봉독을 회중의 한 사람이 한다든지, 성경구절을 화면에 띄워주는 것이 뭐가 문제겠어요? 성경책을 신주단지처럼 모셔야 한다는 생각이야말로 우상숭배가 될 수 있지 않을까요? 이제부터 우리는 성경이 죽어있는 책에 불과한 것이 아니라 살아서 역사하는 말씀임을 보여줄 수도 있어야 해요.

예전씨 성경 봉독은 그렇다고 쳐도 설교가 성경과 상관이 없어진다는 것이 더 큰 문제지요. 어떤 분의 표현대로 성경은 자기 생각을 발사하기 위한 발사대 정도로 치부하지 않는가요? 성경을 읽었다면 그 말씀에 매여야 하지 않나요? 상황이 이러니 성경 봉독이 설교보다 더 중요하다는 생각을 하는 이들이 있지요. 성경 봉독은 하나님의 말씀을 있는 그대로 읽는 것인데, 설교는 목사가 자기가 하고 싶은 말을 마음껏 늘어놓는 만담이 되어가고 있으니까요.

자율씨 저도 성경 봉독과 설교의 관계를 고민하고 있는데요. 저는 반대접근을 해요. 성경 봉독은 하나님께서 하셨던 과거 말씀을 반복하는 것이지만 설교는 그 과거 말씀을 현재화하는 작업이지요. 소위 말해서 성경의 새로운 번역이라고 해야 할까요? 그렇다면 설교는 좀 더 자유로워야 하겠지요. 성경을 한 구절 한 구절 해설하는 것은 설교가 아니지요. 그런 해설은 주석과 해설집들을 보면 다 나와요. 지나친 말인지는 모르겠지만 설교는 목사의 신념과 목회철학을 전파하는 장이 되어야 할 수도 있어요.

성경 봉독의 역사

신약시대에 사는 우리는 흔히들 구약시대를 그리워하곤 한다. 하나님께서 직접 음성을 들려주시던 시절이라 신앙을 지키기가 쉬웠을 거라 생각한다. 하지만 전혀 그렇지 않다. 아브라함 같은 경우에도 평생 몇 번 하나님께 들은 음성을 가지고 믿음을 지켰음을 생각해보라. 얼마나 힘겨운 싸움이었겠는가! 사람의 기억이란 것이 너무나 불완전하여 과거에 들었던 소리를 그대로 기억하기가 얼마나 어려운지!

개혁한 교회의 공예배에서 가장 중요한 부분을 차지하는 것이 성경 봉독과 설교이다. 이에 대해서는 이견이 없을 것이다. 하나님께서 교회의 유익을 위해 다양한 방식으로 하신 말씀을 기록으로 남겨서 우리에게 주셨다는 것이야말로 얼마나 큰 배려인가. 성경은 과거에 하나님이 하셨던 말씀의 기록에 불과하고, 지금 하나님께서 우리에게 말씀하시는 특별한 수단은 음성이나 예언이라고 생각하는 것은 잘못된 생각이다. 하나님께서는 기록된 말씀을 설교하게 하시므로 지금도 자기 백성들에게 말씀하신다. 개혁자들이 설교를 예언이라고 말했다. 깊이 새겨들어야 하겠다. 공예배시에 선포되는 설교를 하나님의 말씀으로 받지 않을 때 우리는 새로운 말씀을 받기 위해서 끊임없이 방황하게 된다.

흔히 성경 봉독이라고 하면 설교 본문을 읽는 성경 봉독만 생각한다. 예배의 역사를 보면 이것보다 훨씬 폭넓은 성경 읽기 전통이 있었음을 알 수 있다. 소위 말하는 렉시오나리(Lectionary)라고 하는 것이 그것이다. 회당예배 때부터 구약성경의 다양한 부분을 읽기 시작했다. 유대인의 성경구분법에 의하면 구약성경은 율법과 선지자의 글과 시편으로 구분할 수 있는데(눅 24:44) 이런 각 부분을 회당예배에서 순서적으로 읽고 그 구절들을 해설하곤 했다.

신약교회는 구약의 말씀뿐만 아니라 신약의 말씀들 중 복음서, 역사서, 서신서 등을 순서대로 읽었다. 특히 복음서 말씀은 예수 그리스도를 직접 가리키는 말씀이기 때문에 가장 귀하게 생각하여 마지막으로 읽었다. 성찬식 직전에 이 복음서를 들고 회중 주위를 도는 행위를 했고, 그 복음서를 성찬대로 가지고 가서 읽을 때 온 회중이 기립하여 그 말씀을 듣곤 했다. 이 복음서 입장과 복음서 봉독을 '소입당'(the Little Entrance)이라고 부를 정도로 중요하게 여겼다. 개혁한 우리 교회는 교회력을 잘 지키지 않는 경향이 있는데 교회력을 근거로 하여 만든 성구

집인 렉시오나리를 존중할 필요가 있다. 예수 그리스도의 생애를 중심으로 짜여진 교회력에 근거하여 성경 봉독을 해 나가면 우리의 구원이 어떻게 이루어졌는지를, 그리고 그 구원을 우리가 어떻게 누릴 수 있는지를 잘 알 수 있다.

성경 봉독자의 역할

개혁교회에서는 성경 봉독자도 중요한 역할을 한다. 고대에는 예배 전에 예배 준비를 위해 성경을 읽어야 한다고 생각했다. 글을 읽을 줄 모르는 무지한 백성이 대부분이었던 이 시대에는 성경을 읽을 수 있는 이들이 드물었기 때문에 교회 밖에서 성경을 읽는 전문가를 불러 왔다. 이후로는 이것이 바람직하지 않다는 생각을 하게 되었고, 예배 내에서 직분자인 장로가 이 성경읽기를 담당하게 되었다.

우리는 성경 봉독을 설교와 연관시키기 때문에 당연히 설교자가 성경을 봉독하는 것이 좋겠다고 생각한다. 설교자만큼 그 성경 본문을 깊이 연구하고 아는 교인이 없으니 설교자가 성경을 봉독하는 것이 자연스럽기는 하다. 설교자가 성경을 봉독할 때 교독하는 경우가 많다. 예배에 자녀들이 참여하고 있다면 그들이 성경구절에 집중하도록 하기 위해 교독을 선호한다. 교인들이 성경 봉독 시간만이라도 성경에 주목하도록 교독을 선호하기도 한다. 하지만 기본적으로 성경 봉독은 하나님의 말씀을 선포하는 측면에서 인도자가 선포하듯이 봉독하는 것이 좋겠다. 총독 느헤미야가 회중을 향해 성경구절을 읽었을 때에 온 회중이 그 자리에 서서 말씀을 들었듯이(느 8:1-6) 회중이 기립할 수도 있겠다. 성경 봉독 때, 온 회중이 기립하여 하나님의 말씀에 대한 존경을 표한다면 이 얼마나 아름다운 모습인가! 설교 시간 내내 서 있기는 힘들테니 말이다.

교우 중에서 돌아가면서 성경을 봉독하는 것은 어떤가? 예배가 목사의 원맨쇼가 안 되게 하기 위해서 한 순서라도 더 교인에게 맡기는 것이 좋겠다는 차원에서 접근해서는 안 된다. 그렇다고 교인이 성경 봉독을 한다고 해서 잘못된 것이 아니다. 성경 봉독은 설교와 한 짝을 이루고 있지만 성경은 하나님의 회중 전체에게 속해 있기 때문이다. 즉, 회중의 한 사람이 성경을 봉독하면 이제 그 말씀은 설교자가 연구하여 전하는 말씀만은 아니다. 오히려 온 회중에게 주어진 하나님의 말씀이라는 것을 강력하게 시위하는 셈이 된다. 회중의 한 사람이 성경을 봉독하도록 하려면 철저한 준비가 필요할 것이다. 직분자들이 이 일에 관여하는 것이 좋겠다.

성경 봉독을 통해 하나님께서 친히 말씀하심을 느낄 수 있도록 해야 한다는 주장이 있다. 미국의 어떤 신학교에서는 이것을 겨냥한 성경읽기 과목이 있다고 한다. 성경읽기를 통해 교인들이 하나님이 직접 말씀하심을 느끼도록 하는 과목이라고 한다. 도대체 어떻게 읽어야 하나님께서 직접 말씀하신다는 느낌을 줄 수 있을까? 목소리는? 표정은? 성경 봉독은 설교와는 달리 과거의 하나님의 말씀을 읽는 것에 불과하다는 생각이 한쪽으로 지나치게 치우친 생각이다. 반면 성경 봉독은 하나님의 말씀을 있는 그대로 선포하는 것이기에 설교보다 중요하다는 생각은 또 다른 방향으로 지나치게 치우친 생각이다.

설교의 자유와 제한

개혁교회의 예배에서의 중심부는 설교이다. 신학의 꽃은 예배요, 예배의 꽃은 설교라고 말해도 무리가 아닐 것이다. 시간적으로도 설교는 예배의 절반을 차지하고 있다. 다른 모든 순서를 합친 것하고 설교가 맞먹는다. 그러니 '아직까지도 설교인가? 설교가 하나님의 말씀일 수 있는가?'라는 근본적인 질문을 던져보아야 하겠다. 요즘같이 커뮤니케이션 이론이 극도로 발달한 상황에서 고전적인 설교가 여전히 유효하다고 강변하는 것은 터무니없는 주장이 아닐까? 하나님께서 지금도 설교라는 미련한 방식을 통해 자기 백성을 불러 모으실까? 설교보다 더 나은 방법은 없을까?

설교는 최선의 의사소통방식이 아니다. 설교는 기본적으로 청각에 호소한다. 요즘같이 시각이 중요한 시대에 어떻게 고리타분한 설교가 가장 효과적이라고 말할 수 있겠는가? 그런 의미에서 보자면 중세시대는 이미 시각적으로 앞서갔던 시대임을 알 수 있다. 중세교회는 교인들이 까막눈이라는 것을 배려하여 신앙교육을 위해 각종 시각장치들을 동원했다. 성당에 가면 시선을 확 잘아 끄는 것들이 많았다. 성화와 성상들이 그것들이었다. 미사도 온갖 경건한 소리들로 가득 차 있었지만 사실 떡과 잔을 먹고 마심으로써 시각과 감각에 강력하게 호소했다.

설교는 독립적인 의사소통의 방식이 아니다. 우리가 주목해야 할 것은 설교가 성경 봉독과 한 쌍을 이루고 있다는 사실이다. 설교는 성경 봉독과는 달리 기록된 성경구절을 해설하고 적용하기에 목사의 재량이 얼마든지 개입된다. 설교는 성경 봉독과 달리 큰 자유가 부과되어 있다. 목사가 설교할 성경 본문을 자유롭게 정할 수 있다는 자체가 대단한 자유인 셈이다. 개혁교회에서는 주일 오전에 자유로운 본문으로 설교하고, 오후에는 하이델베르크 교리문답에 근거한 성경구절로 설교하도록 함으로써 균형을 추구하고 있다.

설교와 성경 봉독이 한 쌍을 이루고 있다는 것은 설교의 자유뿐만 아니라 설교의 제한을 보여준다. 설교는 성경 구절의 해설이어서는 안 된다. 목사의 신념이나 목회철학을 전하는 장이라는 주장은 터무니없다. 설교는 성경 번역처럼 계속적으로 번역되는 말씀이라고 할 수 있지만 설교는 봉독한 성경 구절에 매여야 한다. 성경 구절을 봉독한 후에는 설교가 그 성경 구절을 벗어나서는 안 된다. 성경구절을 읽어 놓고는 그 구절에 등장하는 한 단어나 한 사상에 근거하여 설교자의 신념과 사상을 전개해 나간다면 설교라고 할 수 없다. 그것은 강연과 다를 바 없다. 설교는 철저하게 봉독한 성경과 함께 가야 한다.

설교의 역학

설교는 하나님의 뜻, 즉 복음의 공적인 선포이다. 설교는 성경 공부도, 강연도 아니다. 설교가 지금도 여전히 하나님께서 말씀하시는 수단이 되기 위해서는 목사에게 부여된 엄청난 자유를 잘 사용해야 한다. 우리는 종종 설교가 해설과 적용으로 이루어져야 한다고 말하곤 하는데 이 해설과 적용을 대립시킬 이유가 없다. 설교자가 설교할 성경 본문을 선택한 순간 이미 큰 틀의 적용이 시작되었다. 그리고 설교문 전체가 다 적용의 문장들로 이루어져 있다. 설교 마지막 부분에 꼭 있어야 한다는 적용이란 사실은 아주 제한적인 의미에서의 적용이다.

설교시간이 중요하다는 것은 불문가지의 사실이지만 설교문을 작성하는 동안이 얼마나 중요한지를 간과할 때가 많다. 성경을 묵상하고 주해하고, 설교문을 작성하는 수 십 시간 동안에는 순전히 인간의 지성만 작용하지는 않는다. 이때에 성령께서 강력하게 역사하셔야 한다. 기도하면서 설교를 준비해야 한다는 말이 사실이다. 설교하는 순간에 성령께서 강하게 역사하기를 구하는 것만 강조하다 보면 이런 설교 준비를 우습게 여기기 쉽다. 설교를 10년 정도 하다보면 이제는 어떤 성경 본문을 가지고도 30분 정도는 떼울(?) 수 있겠다는 자신감이 붙는데 이때야말로 가장 위험한 순간이다.

설교의 길이가 문제가 되기도 한다. 대형교회가 생겨나면서 주일 예배를 몇 부로 나누어서 드리다 보니 예배시간은 한 시간을 크게 넘어갈 수 없게 되었다. 따라서 설교가 35분을 넘기 힘든 것이 사실이다. 실제 설교는 30분 했는데 회중은 20분정도 했다고 느끼면 좋은 설교일까?

심지어 5분 설교라는 것도 유행하고 있는데 오순절 성령 강림 후에 베드로가 한 설교가 딱 5분이었다는 주장을 근거로 내세운다. 성령 충만한 베드로도 딱 5분 설교했는데 요즘의 설교자들이 길게 설교할 필요가 없단다. 사도행전 2장의 베드로의 설교가 당시의 설교를 문자 그대로 옮겨 놓은 설교일까? 그 이상의 긴 설교는 없었다는 말인가?

　　설교가 커뮤니케이션의 일종이라고 할 때에 설교자가 설교문을 있는 그대로 읽는 것으로 끝내서는 안 된다. 설교문을 완전한 문장으로 작성했다고 할지라도 그것을 요약한 것만을 가지고 강단으로 올라가서 설교할 수도 있겠고, 설교문 전체를 들고 올라간다고 하더라도 청중과 교감하면서 설교해야 할 것이다. 그렇다고 설교하면서 스스로 감동이 되어서 준비하지 않은 부분이 막 생각이 나서 격정적으로 설교를 계속 끌어가는 것은 바람직하지 않다. 위에서도 언급했듯이 설교는 철저하게 성경봉독과 연결되어 있기에 이미 설교에서는 큰 틀에서 할 말이 정해져 있음을 염두에 두도록 하자.

청중의 태도

　　설교의 역학에 있어서 무엇보다 중요한 것은 청중의 문제이다. 설교의 완성은 청중의 준비에 달렸다고 해도 과언이 아니다. 회중은 설교 본문을 미리 읽고 묵상할 필요가 있고, 목사의 설교에 복 주시기를 온 가족이 미리 드리는 기도도 필요하다. 하나님의 말씀을 사모하는 마음을 가지고 예배에 임하는 것이 중요하다. 설교를 듣는 순간도 중요한데 다음과 같은 '듣기 지침'도 있다.

1. 설교내용이 나와 무슨 상관이 있는가?
2. 설교를 통해 나는 어떻게 하나님에 대한 신뢰를 강화할 수 있을까?
3. 설교를 통해 나와 이웃과 주위 환경을 보는 시선을 변화시키자.
4. 설교의 어떤 부분이 나에게, 그리고 우리 교회를 향해 특별하게 말하고 있는가?
5. 설교를 듣고 우리는 어떤 기도를 해야 하겠는가?
6. 내가 어떤 태도를 가져야 설교가 잘 전달되도록 도움을 줄 수 있을까?

설교 전후의 순서들

성경 봉독과 설교가 한 쌍을 이루고 있는데 이 순서들을 둘러싼 다른 순서들도 있다. 이 순서들이 아름답게 협력하여 하나님께서 지금도 자기 백성들에게 말씀하시는 도구로 사용하신다. 개혁교회에서는 성경을 봉독하기 전에 '성경을 열기 위한 기도'를 했다.

> 이제 주님의 종의 입을 여시사, 주님의 지혜와 지식으로 채워 주시며, 주님의 말씀을 온전히 순수하고 담대하게 선포하게 하옵소서. 또한 주님의 말씀을 받고, 깨닫고, 보존하도록 저희 마음을 준비시켜 주옵소서. 주님께서 약속하신 것같이 저희 마음 판에 주님의 법을 새겨 주시고, 주님 이름의 찬송과 영광을 위하여 교회의 건덕을 위하여, 주님의 교훈 가운데서 행하려는 간절한 소원과 능력을 주옵소서.

하나님께서 성경을 열어 자기 백성들에게 들려주시지 않으면 그 말씀이 죽은 문자에 불과하기 때문이다. 그리고 예배의 역사를 보면 성경 봉독자가 다양한 성경을 봉독할 때마다 온 회중이 다 같이 시편을 찬송하면서 응답하는 시간을 갖곤 했다.

다른 모든 성경 본문을 읽고 난 다음에 마지막으로 설교를 위한 성경 구절을 봉독하는데 바로 이어서 설교가 나왔다. 이 두 순서 사이에는 다른 순서가 끼어들지 않도록 했다. 왜냐하면 계속적으로 언급했듯이 성경 봉독과 설교는 한 쌍을 이루고 있기 때문이다. 물론 설교자가 설교 직전에 설교에 복 주십사는 간단한 기도를 할 수도 있다. 한국교회에서는 성경 봉독과 설교 사이에 소위 말하는 성가대의 찬양이 끼여 있다. 왜 거기에 끼워서 성경 봉독과 설교를 떼어 놓을까? 이 성가대의 찬양이 설교를 준비하는 역할을 한다면 아무런 문제가 없을 것이다. 하지만 성가대 찬양이 설교 주제와 상관없는 것들이 대부분이기에 설교와 관련된 찬송을 선곡하든지, 받은 은혜에 대한 감사로 설교 후에 찬양을 하는 것도 고려해야 하겠다.

설교 후에는 목사가 설교를 요약하는 기도를 하곤 하는데 이런 기도가 필요 없다는 주장도 있다. 설교한 내용을 왜 쓸데없이 반복하는지 모르겠다는 것이다. 하지만 설교한 내용에 복 주셔서 하나님께서 열매를 맺게 해 주십사는 기도는 필요하지 않겠는가?

> 자비로우신 하나님 아버지, 아버지의 성령과 말씀으로 아버지와 아드님에 대한 지식을 전해 주신 것과 주님의 말씀이 선포되게 하시니 감사드립니다. 주 예수 그리스도를 영접한 저희가 그리스도 안에서 살게 하시며, 저희가 가르침 받은 대로 그리스도 안에서 뿌리 박고 세움을 입으며 믿음에서 확고해져서 저희의 감사가 넘치게 하옵소서.

물론 이 기도가 너무 장황한 기도가 되지 않도록 조절해야 할 것이다.

설교 후에는 회중이 받은 말씀에 대한 반응이 있어야 한다. 이 순서를 '회중에 의한 아멘송'이라고 부를 수 있다. 우리 찬송가에 보면 수많은 아멘송들이 있다. 한국 교회는 전통적으로 받은 말씀을 가지고 통성으로 기도하는 시간을 가지곤 했다. 좋은 전통이지만 기본적으로 회중은 받은 말씀에 대해 온 힘을 다해 아멘으로 화답하는 것이 좋겠다. 곡으로 된 아멘송이 아니라고 하더라도 온 회중이 한 마음과 소리로 아멘이라는 한 마디로 크게 소리치며 화답해도 좋겠다. 목사가 하나님의 모든 뜻을 전했을 때에 온 회중이 많은 물소리처럼 하는 '아멘' 화답이야말로 받은 말씀에 대한 정당한 반응이다.

12. 성찬

-왜 자주 시행하지 않는가?

성찬
– 왜 자주 시행하지 않는가?

자율씨 예배 때 성찬식을 왜 하는지 모르겠어요. 우리 개신교회는 예전 중심적인 중세 로마교회를 개혁하지 않았나요? 로마교회의 미사를 설교 중심의 예배로 개혁했잖아요. 아직까지 무슨 미련이 남아서 성찬을 여전히 유지하고 있나요? 설교를 그림 그리듯이 회중의 마음속에 넣어 주어야 하지 않을까요? 교회 전통으로 굳어진 성찬을 하지 않을 수 없다면 그것대로 진행하되 예수님께서 제자들의 발을 씻기신 것을 기념하는 세족식같은 좀 더 극적인 의식을 도입하는 것이 좋지 않을까요? 모름지기 식상해지는 것을 제일 금해야 하니까요.

예전씨 종교개혁이 미사를 반대하고 말씀으로 개혁했다는 말은 맞아요. 그런데 개혁은 지나치게 반동적이었어요. 초대교회부터 성찬 예배와 말씀 예배는 한 짝을 이루고 있었지요. 이게 중세가 되면서 성찬 예배, 즉 미사로 기울었지요. 미사가 '그리스도의 십자가 사역의 재현'이 되면서 교회는 구원을 중보하는 기관으로 자리 잡고 막강한 권력을 행사했지요. 개혁이 말씀을 회복한 것은 잘한 일이지만 성찬을 무시한 것은 공교회 전통에 대한 이해의 부족으로 보아야 하지요

자율씨 성찬식 자체를 반대하지는 않아요. 교회에서는 1년에 서 너 번 마지못해 형식적으로 하는 것 같은데, 하려면 제대로 해야지요. 아니면, 아예 하지 않는 게 낫겠어요. 우리의 성찬은 로마 가톨릭과 비교하면 그 진행방식이 너무나 어설프고 형편없어요. 제가 미사에 참여해 본 적이 있는데 뭔가 알 수 없는 가슴 벅찬 감동을 느꼈거든요. 우리 개신교회의 예배가 열정이 넘친다는 장점은 있지만 사실 너무 경박하다는 느낌을 떨칠 수 없어요.

예전씨 성찬식 진행을 보면 저도 참 안타까워요. 로마 가톨릭의 미사가 미신의 수준에 빠졌다고 조롱하면서 우리는 그리스도의 죽으심과 부활을 시위하는 성찬을 너무 가볍게 취급하고 있으니까요. 열심이 있다고 하는 경우에는 로마 가톨릭과 마찬가지로 예수님의 죽으심을 재현하려고 하는 듯해요. 성찬식을 통해 교인들의 눈물 콧물 다 빼내려고 하지요. 성찬식을 제대로, 그것도 자주

시행해야 공교회 전통이 회복됩니다. '매주일 성찬'은 중세로의 회귀일까요?

말씀과 성례의 관계

기록된 하나님의 말씀은 선포되어야 한다. 우리는 선포된 하나님의 말씀을 설교라고 부른다. 예배 때 찬송과 기도 등도 하나님의 말씀을 반영하고 있지만 설교야말로 하나님의 말씀을 가장 구체적으로 드러내는 수단이다. 우선 성경봉독과 설교가 한 쌍을 이루어 하나님께서 지금도 자기 백성을 향해서 하시는 말씀으로 기능한다. 이제 범위를 조금 더 넓혀 보자. 성경봉독과 설교를 하나로 묶어서 말씀이라고 부르고, 이 말씀과 한 쌍을 이루는 것이 바로 성례이다. 성례는 말씀과 깊은 관련을 맺고 있다.

우리는 순서에 주목할 필요가 있다. '성례와 말씀'이 아니라 '말씀과 성례'이다. 왜 설교와 성례라고 하지 않는가? 성례도 말씀을 반영하고 있지 않는가? 맞는 말이다. 그래서 종교개혁자들은 설교를 '보이지 않는 말씀', 그리고 성례를 '보이는 말씀'이라고 풀어서 가르치기도 했다. 설교는 귀에 들리는 말씀이요, 성례는 눈에 보이는 말씀이라는 뜻이다. 하나님께서는 우리로 하여금 복음을 들으라고 하실 뿐만 아니라 복음의 약속을 눈으로 보라고도 하신다. 어쨌든 우리는 성례가 말씀이 분명하게 선포되고 난 다음에 와야 한다는 이 순서를 주목해야 하겠다. 이 관계가 예배의 순서에 반영되어야 한다.

성례는 하나님의 말씀에 붙은 부록이나 혹이 아니다. 성례는 하나님의 말씀을 확증한다. 성례는 신자의 믿음을 강화한다. 하나님께서는 설교(말씀)를 통해 우리의 믿음을 불러일으키고, 성례를 통해 그 믿음을 강화하신다. 성례가 아닌 말씀이 우리의 믿음을 불러일으킨다. 말씀 없는 성례는 미신적인 방식으로 사용되기 쉽다. 익히 알고 있다. 중세교회가 바로 이런 모습에 빠졌다. 하나님께서는 말씀으로 불러일으키신 우리의 믿음을 그냥 놓아두지 않으신다. 우리의 믿음이 쇠하여질 수 있기에 하나님께서는 우리의 믿음을 강화시키고 새롭게 하시는 수단으로 성례를 주셨다.

동방과 서방교회는 각각 다른 용어를 통해 성례의 의미를 정착시켰다. 동방교회는 '신비'(Mysterion)라는 헬라어 용어를 통해 성례의 의미를 개념화했다. 성경에서 종종 등장하는 이 신비라는 용어는 하나님의 크신 뜻 가운데 숨겨져 있다가 예수 그리스도를 통해 그 신비가 드러났음을 알려 준다. 이 용어는 초대교회 당시 영지주의가 주장하던 '신비한 지식', 일부 영적인 사람들에게만 알려지는 그런 신비한 지식을 가리키지 않는다. 서방교회는 새크라멘툼(Sacramnetum)이라는 용어를 통해 그 의미를 표현했다. 군인들이 충성을 서약할 때에 사용한 용어인데, 교회는 이 용어에 세례를 주어서 사용했다. 즉, 신자가 하나님께 충성을 서약하는 양식을 가리켰다.

성찬식의 역사

고대교회가 로마 가톨릭화 하면서 성례가 늘어나더니 급기야 소위 말하는 7성례가 확립되었다. 출생(영세)부터 시작하여 성령을 선물로 받는 견신례를 거쳐 그리스도의 살과 피를 먹고 마시는 성체 성사(성찬에 해당)를 경험하면서 가정(혼배성사)을 이루고, 죄책으로부터 벗어나는 길(고해성사)을 거쳐 죽음(종부성사)에 이르는 삶의 전 과정이 성례에 포함되었다. 이렇게 로마교회는 신자의 전 삶을 덮을 수 있는 성사를 만들었다. 개신교회는 오직 두 가지의 성례만을 인정하고 있다. 세례와 성찬. 우리는 이 두 가지 성례만이 우리 주님께서 친히 제정하신 성례라고 믿고 있다. 이 두 가지 성례를 통해 하나님께서는 신자에게 은혜를 베푸시고, 신자의 믿음을 강화시켜 주신다. 세례는 믿음을 인치고, 성찬은 그리스도를 먹고 마셔 우리가 강건해지도록 도우시는 은혜이다.

세례식에 대한 논의는 다른 기회로 넘기고 성찬식에 대한 논의를 진행해 보자. 오순절 성령강림으로 세워진 초대교회는 '사도들의 가르침을 받아 서로 교제하며 떡을 떼며 오로지 기도하기를 힘썼다'(행 2:42). 여기서 우리는 사도들의 가르침이 모든 것의 기초였고, 그 가르침 위에서 떡을 떼는 행위, 즉 아가페라고 부른 애찬(愛餐)이 중요하게 자리 잡았음을 볼 수 있다. 고대교회에는 먹을 것을 가지고 와서 서로 나누어 먹었던 이 사랑의 식탁과 그리스도의 죽으심을 기념하는 성찬식이 구분되지 않고 있었다.

고대교회는 처음부터 말씀 예전과 성찬 예전이 조화를 이루는 예배를 드렸다. 고대교회의 문서들을 보면 말씀예전이 끝나고 난 다음에 세례교인이 아닌 사람은 돌려보내고 성찬 예전을 집례했다. 그런데 어떻게 된 일인지 2부 예배였던 성찬 예전이 말씀 예전을 밀어내고는 예배 전체를 차지하게 된다. 고린도전서 11장에서 사도 바울이 기록하고 있듯이 애찬의 폐단이 생겨나다보니 애찬이 사라지고 성찬식만 시행하는 쪽으로 가닥을 잡은 모양이다.

사제의 집례에 의해 성찬의 떡과 잔이 예수 그리스도의 살과 피로 바뀐다는 사상이 교회에 자리를 잡으면서 미사는 아주 복잡하고 화려한 예전으로 바뀌어간다. 성찬의 떡과 잔을 실제로 예수님의 살과 피로 바꾸는 의식이 필요했고, 그 의식을 통해 신자들은 실제로 예수님의 살과 피를 먹고 영생하는 몸을 얻는 신비를 누린다고 믿었다. 미사는 복잡한 순서로 발전했는데 성물의 봉헌으로 시작하여 다양한 봉헌기도들을 거쳐 성체(성찬의 떡)를 들어올리는 예식에 이른다. 이 성체거양예식이 가장 중요한데 성찬 제정사, 수난 회상에 이어서 성령 초빙을 통해 그리스도의 몸과 피로 변한 떡과 잔을 사제가 들어올린다. 신자들은 이 변화의 순간을 감격적으로 바라보았고, 이 예식을 본 것만으로 충분하다고 생각하기도 했다. 그리스도의 살과 피를 받는 영성체 전에는 죽은 자와 산 자를 위한 기도(사도와 순교자들과 교통하기를 원하는 기도)와 주기도문이 있었고, 영성체 후에는 간략한 감사기도와 중보기도 등이 있었다. 이 기도들을 살펴보면 미사는 죽은 자와 산 자를 결합시킬 뿐만 아니라 지상에 있는 신자들이 교회의 중재를 통해 천상에 계신 그리스도와 모든 성자들과 결합하는 신성한 예식이라고 이해했다는 것을 보여준다.

개혁의 지나친 반동

종교개혁은 예배의 개혁이었다. 당연히 미사가 개혁의 주된 대상이었다. 아이러니하게도 개혁자들이 성찬의 의미를 회복했지만 성찬에 대한 개혁자들 간의 이견을 끝내 좁히지 못해서 개혁 진영은 사분오열 된다. 개혁자들은 성찬의 떡과 잔이 그리스도의 살과 피로 변한다(화체설)는 로마교회의 주장은 미신에 불과하다고 타매했지만 그 떡과 잔이 실제로 어떤 효력을 지니는 지에 다양한 이견을 표출했다. 떡과 잔 주위에 그리스도의 몸이 함께 한다는 생각(공재설)에서부터, 그것들에 영적으로 그리스도께서 임재하신다는 생각(영적임재설)을 넘어 그것들은 단지 상징에 불과하다는 생각(상징설)에 이르기까지 스펙트럼이 너무 넓었다. 그만큼 성찬은 다양한 생각을 불러일으키는 성례일 수밖에 없었다.

'오직 성경'이라는 개혁의 모토만으로 개혁자들의 생각을 하나로 모을 수는 없었다. 더 큰 문제는 개혁자들이 미사에 대한 지나친 반동이었다. 이후로 개혁 진영에서는 분기별로 한번 성찬을 시행하는 쪽으로 기울어 버렸다. 개혁의 결실인 장로교회의 경우도 예외가 아니었다. 그나마 제네바의 개혁자 장 칼뱅은 균형을 유지하려고 했지만 제네바 시의회의 반대에 부딪혀 매 주 성찬을 집행할 수 없었다. 물론 제네바에 있는 여러 교회들이 순차적으로 성찬을 행했기 때문에 제네바 시 전체를 하나의 교구로 본다면 매 주 성찬이 행해졌다고 볼 수도 있겠다.

개혁의 와중에서 예배에서 말씀을 회복해야 한다

는 당위성과 절박성으로 인해 성찬을 등한시할 수도 있었다. 문제는 개혁의 후예들이 이미 기울어진 추를 더 심하게 기울여 버렸다는 사실이다. 말씀과 성례가 함께 있어야 예배가 될 수 있다(예배지침 제28조)는 공교회의 전통을 간과했다. 지역교회의 온 회중이 함께 모이는 예배에서는 말씀과 더불어 성찬이 있어야 공예배의 온전한 모습이 드러난다.

성찬을 등한시한 것에 대한 뼈아픈 반성으로 최근에는 아이들에게도 성찬을 허용하려는 움직임이 일어나고 있다. 유아세례는 헌아식(주로 침례교에서 유아세례를 반대하면서 자녀를 하나님께 바친다는 의미로 하는 예식)으로 대체하면서 성찬에서는 어린아이들을 참여시키려는 것은 무슨 의도일까? 유아세례는 우리의 선택과 믿음 이전에 하나님의 언약과 부르심이 있다는 것을 고백하는 놀라운 성례이지만 성찬식은 그리스도의 몸을 분별하고 참여해야 하는 성례이다. 유아세례가 수동적이라면, 성찬식은 적극적이다. 우리가 적극적으로 그리스도의 몸을 분간하면서, 그리스도의 몸에 속했다는 것을 분명하게 깨닫고 자신을 돌아보면서 참여해야 하는 성례이다.

성찬예식문

전통적으로 개혁교회는 성찬예식문을 잘 다듬어서 발전시켰고, 그 예식문을 성찬 예식에서 읽는다. 성찬예식문을 읽으면서 성찬을 집행하면 거의 30-40분 정도나 걸린다. 그런데 성찬예식문이 성찬의 의미를 너무나 잘 요약하고 있기에 설교가 필요 없을 정도이다. 이것이 너무 길기 때문에 짧은 예식문도 있다.

성찬예식문의 전체 구조는 다음과 같다. 우선 성찬 제정의 말씀(고전 11:23-29)을 읽고, 자기를 살필 것을 권면한다. 자신의 죄를 살피고, 하나님의 확실한 약속을 믿는지 살피고, 감사함으로 살기로 결심하는지 살필 것을 권면한다. 이 권면 후에 초청을 한다. 이 초청에는 십계명을 거부하는 자들에게는 성찬에 참여하지 말아야 한다는 경고도 있다. 그렇다면 우리는 성찬에 참여하기를 꺼려해야 할까? 죄가 있는 사람은 성찬식에 참여하지 말아야 하는데? 아니다. 우리는 회개하면서 성찬에 참여해야 한다. 성찬 참여를 꺼리는 것은 구원이 나의 능력에 달렸다고 말하는 셈이다. 우리는 아무런 자격이 없음에도 불구하고 그리스도를 바라보는 믿음으로 성찬에 참여한다. 다음으로는 구약으로부터 내려오는 하나님의 약속이 그리스도를 통해 성취 되었음을 기념하는 것이 성찬의 목적임을 밝힌다.

그 다음 부분들은 성찬식이 주는 실질적인 유익을 다루고 있다. 첫째는, 우리가 은혜의 언약에 속해 있음을 확실하게 믿게 하시려고 주님께서 친히 성찬을 제정하셨음을 언급한다. 둘째로는 우리가 이 성찬에 참여하는 것이 한 몸의 지체로 연합되어 있다는 확증을 준다고 가르치고, 마지막으로는 이 성찬이 그리스도의 재림을 기다리는 성례임을 밝힌다. 성찬은 자신의 내면을 살피고, 머리를 들어서 그리스도를 바라보고, 형제를 돌아보고, 주의 오심을 기다리는 성례이다. 성찬은 위로, 아래로, 앞으로, 뒤로 움직인다. 과거로, 현재로, 미래로 움직인다. 성찬은 모든 방향, 모든 시간을 향한 성례이다.

기도가 이어지는데 복된 성찬에 참여시켜 주심을 감사하는 기도를 한다. 이어 사도신경을 고백한다. 그 다음에는 다시 한번 더 떡과 포도주라는 외적인 표에 집착하지 말고 마음을 들어서 하늘에 계신 그리스도를 바라볼 것을 권면한다. 이것이 중세시대부터 내려오는 문구, '수르숨 코르다'(마음을 들어, Sursum Corda)를 언급한 것이다. 이제 떡을 떼고, 잔을 나누면서 이 떡과 잔이 그리스도의 몸과 피에 참여하는 것임을 밝히고, 이것을 믿으라고 권면한다.

분병(分餠)과 분잔(分盞)이 이루어진 후에는 주님의

거룩한 이름에 감사의 찬송을 돌려 드린다. 시편 103편 (1-5절, 8-14절) 말씀을 다같이 노래한다. 마지막으로 감사 기도를 드린다. 주님의 독생자를 생명의 양식과 음료로 주심을 감사하고, 성찬에 참여하여 큰 유익을 얻게 된 것을 감사한다. 그리고 이 성찬의 열매를 매일의 삶에서 맺게 해 주실 것을 구하는 기도를 드린다.[1]

떡과 잔, 그리고 성찬상

성찬식에 있어서 실질적으로 중요한 요소는 떡과 포도주이다. 이는 우리 눈에 보이는 것이고, 우리의 입을 거쳐 목구멍을 타고 들어가기에 오감을 자극하는 요소이다. 성찬이 눈에 보이는 말씀이라는 표현은 과장이 아니다. 떡은 누룩이 들어간 빵으로 할 지, 아니면 누룩이 들어가지 않은 빵으로 할 지가 큰 논쟁거리였고, 잔은 포도주를 써야 하는지, 거기에 물을 섞어야 하는지에 대해서도 견해가 갈렸다. 심지어 술 취하지 말아야 하기에 물을 사용해야 한다는 이단적인 주장도 있었다. 그리고 한 떡과 한 잔을 사용해야 하는지, 아니면 떼고 나누어서 해야 하는지도 중요한 요소이다. 대개 개혁교회에서는 지금도

---

1 개혁교회 성찬예식문은 유 해무 박사의 『개혁교의학』에 수록되어 있다.

한 떡과 한 잔을 고집하고 있다. 떡을 미리 잘라놓지 않고 회중이 보는 앞에서 찢고 떼어서 나누어 준다. 그리고 잔도 하나의 잔을 사용하여서 돌려가면서 마시는 것을 선호하고 있다. 성찬이 하나됨을 가장 극적으로 시위하는 성례이기 때문이다.

성찬상의 배치는 어떠해야 할까? 전통적으로 개혁교회에서는 설교단 아래쪽에 성찬상이 자리를 잡고 있다. 성찬식이 있는 주일에 비로소 성찬상을 마련하지 않고 평상시에 성찬상이 항상 고정되어 있다. 성찬상 위에는 떡 그릇과 잔, 그리고 포도주 병이 자리 잡고 있다. 성찬식이 있는 주일에는 참여할 회중을 고려하여 강단 아래쪽에 서 너 개의 탁자를 이어 붙인다. 회중은 이 탁자로 초대받아 둘러앉아서 떡과 잔을 받아 먹고 마신다. 한 무리의 회중이 물러나고 다른 무리의 회중이 다시 그 자리에 앉는다. 회중이 많을 경우에는 서 너 번 앉고 일어서는 이와 같은 과정을 반복해야 한다.

성찬상에 둘러앉아서 떡과 잔을 받지 않고 장로(집사도 가능)가 떡과 잔을 들고 있고 회중이 그 앞으로 나와서 떡과 잔을 받아 먹고 마시는 교회 전통도 있었다. 장로에게 건네받은 떡과 잔을 회중석으로 가지고 간 이후에 다 같이 먹고 마시기도 했다. 한국 교회는 전통적으로 성찬이 시작되기 전에 이미 떡과 잔을 나누어 놓고, 장로가 분병과 분잔을 맡아 회중석으로 직접 가서 떡과 잔을 나누어 주었다. 회중은 자기 좌석에 앉아서 장로가 나누어 주는 떡과 잔을 받아 기도하는 가운데 먹고 마셨다. 분병을 하고 떡을 먹고 난 다음에, 두 번째 단계로 분잔하고 잔을 마시는 것도 하나의 전통이 되었다.

개혁교회에서는 1년에 네 번, 많으면 여섯 번 정도 성찬식을 행하기 때문에 성찬을 소홀히 한다는 지적을 했지만 성찬 전 주일과 성찬주일에 성찬에 관한 설교를 하고 하이델베르크 교리문답에 세 주일에 걸쳐 성찬에 관한 내용이 있기에 1년에 대략 열다섯 번의 주일에 성찬에 관한 말씀을 듣는다. 개혁교회는 성찬의 횟수가 많지 않음에도 불구하고 성찬을 앞두고 장로의 심방, 서로를 돌아보는 일, 그리고 설교를 통해 성찬의 의미를 충분히 새기고 자기를 돌아보면서 성찬에 참여하고 있다. 성찬의 횟수를 조금씩 늘여가서 매 주일마다 말씀과 더불어 성례가 함께 있는 예배가 드려진다면 우리의 예배가 얼마나 풍성하겠는가!

13. 헌금

헌금시간이
왜 사라졌는가?

헌금
– 헌금시간이 왜 사라졌는가?

예전씨 예배순서에 명목상 남아있지만 사라진 순서가 '헌금'이에요. 예배시간에 왜 헌금하는 시간이 사라진 것일까요? 다들 예배실 입구에 있는 헌금함에 헌금하고 들어가지요. 예배때 헌금하는 것이 헌금을 강요한다는 인상을 주기 때문에 이렇게 하는 것 같은데요. 우리는 예전에서 헌금순서가 얼마나 중요한 의미를 지니고 있는지 알아야 하겠어요. 교인들이 신앙생활할 때 헌금 때문에 가장 크게 시험받는 것이 사실이지만 그럴수록 바르게 헌금하도록 가르쳐야 해요.

자율씨 헌금에 대해 가르쳐야 한다는 것에 저도 100% 동감이에요. 그런데 저는 예배중에 헌금하지 않아야 한다고 봐요. 예배시간에 잠자리채와 같은 헌금채가 제 앞에 도달하면 소름이 끼쳐요. 주위 사람들 눈치가 보이는 것도 사실이고요. 예수님께서도 네 구제하는 것을 은밀히 하라고 하셨는데 왜 우리는 헌금하는 것을 공공연히 떠

벌리고 다니는 것일까요? 왜 꼭 매 주일마다 헌금해야 하나요? 언제든지 자발적으로 헌금하도록 헌금함을 놓아두는 것이 제일 바람직하겠지요.

예전씨 우리의 예배 자체가 하나님께 바치는 헌신과 충성, 그리고 이웃을 사랑하겠다는 고백이 아닙니까? 그것을 가장 구체적으로 시위하는 것이 바로 헌금이에요. 육체를 입고 있는 우리로서는 헌금을 하는 것이야말로 '내 몸이 하나님의 것입니다'라는 고백이 되기도 하고요. 다른 교인들의 시선을 의식하지 않을 수는 없겠지만 요즘은 헌금봉투에 넣어서 다들 헌금하니 헌금 액수에 대해서 걱정할 이유가 없지요. 예배때 헌금순서가 들어가 있는 것은 당연하다고 봐요.

자율씨 헌금하는 방식도 문제이지만 더 볼썽사나운 것은 헌금을 받아서 기도하는 모습이에요. 헌금위원들이 갖다주는 헌금봉투를 목사가 받아들고는 일일이 소개하고 기도해 주는 것만큼은 삼가야 하지 않겠어요? 목사가 그 헌금을 바친 교인을 위해 일일이 축복해 주는 건 헌금을 많이 하도록 유도하는 꼼수잖아요. 이것만큼 신앙생활을 오도하는 것이 어디에 있겠어요? 헌금은 무명으로 해야 하는 것이 아니겠어요? 이래저래 헌금이 문제네요.

헌신으로서의 예배

공예배는 하나님과 그 백성간의 언약적 사건이기에 하나님께서 예배에 기여하시는 부분 뿐만 아니라 하나님의 백성이 하나님께 기여하는 부분도 많이 있다. 하나님께 기여한다고 하기에 하나님의 백성들이 새로운 것을 만들어서 하나님께 드린다고 생각하기 쉬운데 그렇지 않다. 하나님의 백성들은 오직 하나님께서 주신 것만을 가지고 하나님께 올려드릴 수 있다. 우리가 만들어서 하나님께 올려드릴 수 있는 것은 없다. 하나님이 주신 것이 아니고는. 물론 죄는 하나님께서 우리에게 주신 것이 아닌데 우리는 그 죄를 하나님께 올려드려야 한다. 우리가 죄를 스스로 제거할 수 있는 방법이 없기 때문이다.

하나님의 회중은 예배를 통해 하나님께 헌신과 충성을 표현한다. 예배에는 다양한 헌신의 순서가 있는데 그 중에 하나가 바로 헌금이다. 미국의 CRC(Christian Reformed Church) 교단의 예배위원장을 역임한 제임스 드 종 목사는 예배하는 회중을 '헌신된 자들의 공동체'로 정의하면서 하나님의 백성들이 하나님께 기여하는 부분을 '헌신으로서의 예배'로 통칭하기도 한다. 신앙고백은 '온전한 헌신'이고, 십계명은 '감사의 헌신'이고, 공적 신앙고백을 포함한 각종 예식은 '약속된 헌신'이고, 헌금은 '비이기적 헌신'이라는 것이다. 이렇듯 예배하는 회중은 각종 헌신의 모습을 하나님께 내보인다.

헌금(獻金)이라는 표현은 '돈을 바친다'는 뜻을 강조하는 것인데 예전에 우리 조상들은 연보(捐補)라는 용어를 사용했다. 사실 이 연보라는 용어가 헌금의 의미를 분명하게 담고 있는 용어이다. 헌금은 돈을 바친다는 행위 자체를 가리키고 있다면, 연보는 헌금의 목적, 즉 '자기의 재물을 내어서 다른 사람을 도와준다'는 의미를 분명하게 드러내고 있기 때문이다. 이 연보라는 말이 기부라는 말을 연상시킬 수 있는 것도 사실이다. 우리는 연보를 통해 하나님의 사랑의 구체적인 예인 이웃사랑을 몸소 보여준다. 이런 관점에서 보자면 연보를 비이기적 헌신이라고 부르는 것도 무리가 아니라고 생각할 수 있다.

은혜로서의 헌금

예배시간에 하는 헌금이 하나님께 바치는 예물인가, 아니면 우리의 이웃을 돕기 위한 기부금인가 하는 질문을 해 볼 수도 있겠다. 우리는 연보를 거둔 예를 사도 바울의 경우에서 분명하게 확인할 수 있다. 사도 바울은 이방교회에 복음을 전하였고, 복음을 전하여 교회가 세워지면 그 이방인교회를 향해 예루살렘에 있는 유대인교회를 위해 연보해 달라고 요청했다. 당시 예루살렘 교회는 기근으로 인해 큰 곤란을 겪고 있었기 때문이다. 사도는 이방인 교회가 연보하는 것은 복음을 받은 것에 대한 감사의 표현이라고 강조했다. 영적으로 받은 것을 물질적으로 갚을 수 있다는 생각이 아니다. 복음을 나누어 받았으니 물질을 나누는 것은 당연하다는 생각이다.

사도 바울은 고린도후서 8장과 9장에서 길게 이 연보의 중요성에 관해 언급하고 있다. 소위 말해서 고린도 교회를 포함한 이방인교회들에게 사도가 요청한 연보는 예루살렘 교회를 향한 구제금이었다. 사도는 마케도니아 교회의 예를 드는데 그들이 큰 환란과 극심한 가난 가운데서도 예루살렘을 향한 구제를 후하게 했다는 사실을 강조하고 있다. 마케도니아 교회들은 그 일이 자신들에게는 큰 특전이라고 생각했기 때문이다. 사도는 이 연보하는 행위를 '은혜에 참여하는 것'이라고 표현한다.

사도 바울이 연보를 요청한 것은 이방교회를 괴롭히기 위한 것이 아니라 평균케 하기 위해서라고 말한다. 한 교회의 풍요는 다른 교회의 궁핍을 채워주기 위한 것이다. 이것을 '만나법칙'이라고 부를 수도 있다. 이스라엘 백성들이 광야생활을 시작하면서 하늘에서 만나가 내렸는데 모든 사람들이 만나를 양껏 거두어 왔다. 각자가 만나를 거두어 온 후에는 가족별로 필요한 분량을 위해 서로 나누었을 것이다. 그래서 '많이 거둔 자도 남지 않고, 적게 기둔 자도 모자라지 않았다.' 이렇게 연보는 평균케 하기 위한 것이다. 교회 간에 평균케 하기 위한 것일 뿐만 아니라 교회 내에서도 평균케 하기 위한 것이다. 요즘 각 교단마다 미자립교회를 위해 목회자 기본 생활비를 지원해야 한다는 목소리가 높아가고 있다. 사실 이것이 바로 사도바울이 요청했던 연보의 의미이다. 교회를 평균케 하는 연보 말이다.

사도바울이 이방교회를 향해 연보를 요청하면서 은혜에 참여하는 것이라고 했는데 여기서 연보하는 이방교회의 입장만이 아니라 연보를 받는 예루살렘 교회의 입장도 중요했다. 예루살렘 교회가 이방교회가 한 연보를 받지 않겠다고 하면 어떻게 되는 것일까? 자존심의 문제가 아니다. 이방인교회가 한 연보를 받지 않겠다는 것은 이방인 교회를 인정하지 못하겠다는 것이 된다. 그러므로 사도는 예루살렘 교회가 그 연보를 기쁨으로 받기를 원했다. 그래야 복음으로 서로 교제하는 관계라는 것이 증명되기 때문이다. 이처럼 연보를 하고, 연보를 받는 이들은 물질을 주고 받는 것으로 그치는 것이 아니라 복음을 주고 받는 것이요, 서로 은혜에 동참하는 것이다.

다양한 헌금

교회에 너무나 다양한 헌금의 종류가 있다는 것에 관해 생각해 보자. 십일조, 감사헌금, 주정헌금, 선교헌금 등 헌금의 숫자가 너무나 많다. 심지어 교회 차량을 사기 위해 차량헌금도 따로 하고, 장학위원회를 만들어 장학헌금도 따로 한다. 교인들이 헌금을 하면 그 중에 일부가 구제금으로 배정한다. 교세가 그렇게 크지 않은 경우에는 교회 경상예산의 대부분이 교회운영과 목회자의 생활유지를 위한 목적으로 사용될 수밖에 없다.

우선 십일조의 문제부터 보자. 한국교회만큼 십일조를 잘 하는 교회가 없을 것이다. 사실 천주교회는 개신교회의 십일조제도를 부러워한다. 천주교회에서는 십일조 개념이 없고 모든 신자들이 교무금이라는 것을 내는데 십일조에 비하면 턱없이 적은 금액인 것이 사실이다. 그러면 십일조를 왜 하는가? 우리는 하나님께서 율법을 통해 십일조 제도를 확립해 주셨음을 알고 있다. 하나님의 백성들이 드린 십일조는 크게는 두 가지 목적이 있다. 하나는 성전을 위해서 봉사하는 레위인들의 생활을 위해서이다. 레위인들은 다른 지파들과 달리 기업의 땅을 얻지 못하였기 때문에 나머지 지파들이 십일조를 내어서 레위인들의 생활을 지탱해 주어야 했다. 십일조를 하지 않으면 레위인들이 성전봉사에 전념할 수 없기에 떠돌이생활을 할 수밖에 없었다. 다른 하나는 언보라는 용어의 뜻대로 가난한 사람들을 위한 구제금으로서의 십일조가 있었다.

신약시대에도 의무적으로 십일조를 해야 하는가? 구약의 십일조개념을 신약시대에 그대로 적용하여 십일조는 모든 목회자들의 생활비로 사용해야 한다고 주장하는 이들마저 있다. 사실 유럽의 개혁교회들은 십일조라는 것을 따로 하지 않는다. 새 해에 교회에 필요한 예산 (목회자 생활비를 포함한 교회건물유지 등에 필요한 예산)을 짜서 교회 앞에 공지한 후 각 가정이 헌금할 액수를 적어내게 한다. 그 금액을 합산하여 모자라면 재차 공고하여 어느 얼마 정도가 모자라니 더 헌신하기를 요청한다. 이렇게 해서 새 해 지출부분을 미리 채운다. 이것은 우리 한국교회의 십일조에 해당한다고 보아도 되겠다. 그들의 십일조는 수입의 십분의 일을 정확하게 내지 않고 교회의 필요한 지출예산을 각 교인들이 나누어서 자원하여 헌금하는 금액이 된다.

이렇게 하고 나서 주일예배마다 하는 모든 헌금은

말 그대로 연보가 된다. 집사회가 중심이 되어서 구제가 필요한 곳을 적시하여 헌금을 요청한다. 이때는 동전이 많이 나온다. 매 주일마다 특정한 목적을 위해 헌금을 해야 하기 때문이다. 교회사를 보면 이런 구제헌금은 성찬식때 하곤 했다. 고대교회 때는 신자들이 집에서 먹을 것을 가지고 와서 서로 나누어 먹으면서 성찬을 시행했다. 이후에는 따로 구별하여 준비된 떡과 잔으로 먹고 마시되 성찬 테이블 옆에 집사들이 준비해 놓은 헌금바구니에 연보를 하고 나서 성찬에 참여했다. 주님께서 자신의 몸을 주의 백성에게 나누어 주시기 때문에 하나님의 백성들은 이웃에게 자신을 나누어 주겠다고 헌신한 것이다.

집사회의 중요성

연보와 관련된 직분이 집사직이다. 처음에 집사직은 예루살렘 교회의 가난한 과부들을 구제할 목적으로 세웠다. 소위 말하는 식탁의 봉사를 위해 집사를 세웠다. 처음에는 사도들이 이 일까지 맡고 있다가 교인이 많아지자 일까지 하기엔 너무 벅찼다. 그래서 사도들은 자신들이 기도와 말씀전하는 일에 전념하겠다고 결단하고는 집사를 세웠다. 시간이 지나면서 집사는 예배가 제대로 드려지도록 감독하는 역할을 맡기도 했다. 그런데 중세교회에서는 집사직이 고위 성직자(신부)를 수종드는 하위성직자가 되므로 인해서 집사의 역할이 사라져 버렸다. 종교개혁은 예배의 개혁뿐만 아니라 직분을 개혁했는데 집사직도 개혁했다. 신부를 수종드는 하위성직자 개념에서 가난한 자를 구제하는 집사의 역할을 새롭게 회복한 것이다. 이후로 개혁한 교회는 바로 이 집사직의 개혁으로 인해 명성을 떨치게 된다. 가난한 자 구제를 위해 집사들이 발벗고 나섰기 때문이다.

한국교회에서 집사직은 교회재정을 관리하고 집행하는 역할을 맡고 있다. 구제를 관장하는 집사직이 교회재정 전반을 관장하는 역할로 그 기능이 확대되었다고 볼 수 있다. 하지만 구제가 제직회의 한 부서, 구제부만의 일이 되었다는 점은 재고해야 필요가 있다. 구제는 제직회의 한 파트를 넘어 모든 집사가 구제를 위해 총력을 기울여야 한다. 집사직은 긍휼의 사역인 그리스도의 대제사장직을 수행하고 있다. 집사는 각종 경조사를 챙기는 것을 넘어 교인들이 그리스도의 긍휼을 행하도록 모범을 보이고 그들을 자극해야 한다.

집사는 회중을 잘 돌아보아야 한다. 목사는 말씀을 선포해야 하고, 장로는 말씀을 감독해야 할 뿐만 아니라 그 말씀으로 회중의 삶을 감독해야 한다. 집사는 물질적인 부분을 포함하여 회중 가운데 소외되는 이들이 없도록, 그리하여 성도의 교제에서 떨어져 나가는 이들이 없도록 돌아보아야 한다. 물질적인 가난 뿐만 아니라 정신적인 고통과 외로움 등을 겪고 있는 이들을 돌아보는 일까지 감당해야 한다. 집사는 소위 말초신경까지 돌아보아야 하는 직분이다. 말씀이 구체화되도록 돌아보는 직분이 집사직분이다. 이렇게 집사직분이 잘 수행되어야 모든 신자들이 세상에서 '집사'처럼 살아갈 수 있을 것이다.

헌금순서 진행방식

예배 중의 헌금 순서는 단순한 형식의 문제가 아니다. 헌금을 강요하기 위함도 아니다. 헌금함에 헌금을 하도록 한 다음부터 헌금액수가 줄었다고 하는 말들이 있다. 그 이유 때문에 예배 시간에 헌금하자는 말은 아니다. 우리의 헌신을 구체적으로 표명하기 위함이다. 온 회중이 함께 헌신을 표명하는 구체적인 행위를 하는 것이다. 물론 예배시간에 헌금하면 번거롭다. 헌금 당번을 정해야 하고, 헌금을 거두는 방식도 고민해야 한다. 예전에는 우리 한국교회가 잠자리채와 같은 헌금주머니을 사용하기도 했고, 요즘에는 헌금바구니를 사용하기도 한다. 폐일언하고 짧은 시간 안에 헌금을 할 수 있는 방식을 만들 필요가 있다.

헌금하는 시간이 길어지고, 자칫 지루해질까봐 종종 특송이나 특별연주 등을 하기도 한다. 회중이 헌금하는 동안에 하는 특송도 나쁘지 않다. 하지만 우리는 헌금이 그것 자체로 하나의 순서라는 것을 명심해야 하겠다. 헌금시간에 다른 순서가 들어오게 되면 두가지 요소가 중첩되기 때문에 헌금의 의미가 퇴색되기 쉽다. 헌금시간에는 오르간이나 피아노 반주자의 조용한 반주 정도가 적당하겠다. 교인들은 하나님께서 자신들의 헌신을 하나님께서 받아주시길 기대하며 헌금에 참여한다.

헌금하고 난 다음에 헌금위원은 헌금봉투를 예배인도자에게 올려준다. 예배인도자인 목사는 헌금을 위해 기도하자고 말하고 난 후 헌금한 것을 일일이 소개하는 경우도 있다. 감사헌금한 제목을 일일이 언급하는 경우도 있다. 교인들 중에 어떤 감사의 내용이 있는지를 아는 것이 중요하다는 생각이다. 그것을 들으면서 '아, 저런 제목으로도 감사할 수 있구나'라고 생각할 수 있게 되니 교인의 감사를 격려하고 훈련하는 차원이 있다는 것이다. 아무리 그렇다고 하더라도 헌금한 것을 밝히고, 그것을 주보에까지 싣는 것은 삼가는 것이 좋겠다.

헌금은 무기명으로 하는 것이 좋을까? "너는 구제할

때에 오른손이 하는 것을 왼손이 모르게 하여 네 구제함을 은밀하게 하라"(마 6:3,4)는 말씀에 따르자면 기명으로 헌금하는 것은 잘못되었다고 생각할 수 있다. 그러면 반대로 생각해 보자. 기명으로 헌금하는 것은 사람에게 알리고 싶은 마음이 있어서 그렇고, 무기명으로 헌금하는 것은 오직 하나님께만 알리고 싶어서 그런 것일까? 자신이 얼마 정도의 수입이 있는지를 알리고 싶지 않아서 무명으로 헌금하는 경우는 없겠는가? 요즘은 헌금을 기부금으로 간주하여 연말정산을 받을 수 있기 때문에 무명으로 헌금하는 것이 힘들다. 헌금해 놓고는 그것을 연말정산을 통해서 환급받는 것은 바람직한 태도가 아니라는 지적도 있다. 과연 그럴까? 기명이든 무기명이든, 목적을 밝히든지 그렇지 않든지 예배시간을 통해 하나님 사랑과 이웃사랑을 구체적으로 표명하는 순서를 가지는 것이 당연하다. 하나님께서 그 사랑과 헌신에 복주시기를 기도하는 것이 당연하다. 오해하기 쉬운 말씀이긴 하지만 "네 보물 있는 그 곳에는 네 마음도 있다"(마 6:21)는 말씀은 변함없는 진리이다.

14. 마침순서들

끝인가, 아니면 절정인가?

마침순서들
– 끝인가, 아니면 절정인가?

자율 씨 공공연한 비밀인데, 신자들은 예배 마치는 시간을 간절히 기다리지요. 예배 마친 후에 있을 각종 모임과 행사가 기다려지기 때문이지요. 그렇다면 예배를 마치는 순서에 감동적인 요소를 배치하는 것이 좋을 듯해요. 예배가 마쳤지만 뭔가 조금이라도 여운이 남아야 다음 번 예배를 기다리게 되지 않을까요. 주일오전예배는 천편일률적으로 목사의 축도로 예배가 끝나는데 꼭 그래야 할 필요가 있을까요? 목사만이 축도를 할 수 있다고 고집하는 것도 좀 그렇구요.

예전 씨 예배 마침의 순서들이 중요하다는 것은 저도 동의해요. 공예배는 예배를 인도한 목사의 축도로 마치는데 사실 이 순서는 목사가 회중을 위해 기도하는 시간이 아니지요. 그 순서는 목사가 하나님을 대신하여 복을 선언하는 시간이지요. 저는 이 순서가 참 의미가 있다고 생각해요. 공예배가 목사의 간구로 마치지 않고 하나님께서 자기 백성들에게 복을 선언하면서 마치니 말이에요. 예배는 끝나지만 교인들은 하나님의 임재를 확신한 가운데 흩어질 수 있으니 얼마나 복된가요?

자율 씨 예배가 마치고 난 다음에 목사가 장로들과 더불어 신속하게 예배실 입구로 달려가 교인들과 일일이 악수하는 것이 너무 형식적이지 않나요? 교회 규모가 크면 교인들이 예배에 참석했는지 안 했는지 확인하기도 힘든데, 왜 그렇게 형식적인 인사를 나누려 할까요? 길게 줄을 늘어서서 목사와 형식적인 악수를 하기 위해 기다리는 것을 보면 너무 어색해요. 예배를 잘 드렸는데 왜 목사에게 눈도장을 다시 찍어야 하죠?

예전 씨 교인들이 예배를 인도한 목사와 예배를 책임지고 있는 치리회와 더불어 악수하는 것은 당연한 것이 아닐까요? 하나님께서 직분자들을 세우셔서 예배를 인도하게 하신 것에 감사해야 하지 않나요? 예배가 마치면 교인들끼리 인사하기 바쁜데 예배인도자에게 가장 먼저 감사를 표해야 하지 않을까요? 길게 줄을 늘어서 있으니 말 한마디 나누기 힘든 것이 사실이지만 예배 인도자에게 감사를 표하는 것, 특히 말씀을 선포해 주신 것에 대해 감사하는 것은 당연한 일이 아니겠어요?

예배마침의 순서들

공예배를 어떻게 마치는 것이 좋을까? 예배의 마침 순서들이 무엇이어야 하는가도 하나님의 말씀이 중심이 되어야 한다. 회중의 필요를 위해 마침 순서를 고안한다든지, 세상 의식들의 마무리와 같은 감동을 위해 고안해서는 안 될 것이다. 사실 예배는 아무리 감정적인 고양을 고려해야 한다고 하더라도 기본적으로는 하나님과 그 백성의 만남과 교제라는 기본틀을 벗어나서는 안 된다.

예배마침의 순서들을 논의하기 위해서는 우리가 먼저 그 이전의 예배를 통해 회중이 어떤 은혜를 입었는지를 살펴보는 것이 필요하다. 예배마침의 순서는 그 동안에 진행되어왔던 예배의 흐름과 동떨어져서는 곤란하기 때문이다. 그리고 예배마침의 순서는 사실 끝이라기보다는 삶의 예배로 이어지기 위한 절정이라고 볼 수 있다. 우리는 예배마침의 순서들이 예배시작의 순서들과도 호응해야 한다고 본다. 끝이 시작과 그렇게 다르지 않아야 하기 때문이다. 끝이 시작을 아름답게 이어받아 새로운 시작을 예상하기 때문이다. 예배 시작에 세 가지 중요한 요소가 있었다. 회중이 하나님을 향해 충성을 고백하는 예배로의 부름과 기원, 즉 하나님께서 인사하시는 것과 회중의 화답으로서의 찬송이 있었다. 이것과 호응하는 예배 마무리를 생각해 보자.

예배시작 순서들을 통해 하나님의 임재를 경험한 회중이 하나님의 용서해 주시는 은혜를 입었다. 그리고 하나님의 모든 뜻은 남김없이 선포되는 복을 누린 회중이 이제는 세상으로 나아가야 한다. 세상으로 나아가는 하나님의 회중은 하나님의 임재를 다시금 간구할 필요가 있다. 공예배의 마침 순서들은 하나님의 임재를 새롭게 간구하고, 노래하고, 확신하는 것이 되어야 한다. 개혁교회에서는 전통적으로 기도와 찬송과 말씀을 예배 마지막 부분에 자리 잡게 했다. 마침 기도와 마침 찬송과 강복선언이 그것들이다. 하나씩 순서대로 살펴보자.

마침기도

설교 후에 설교자가 설교의 내용을 요약하는 기도를 하는 것 외에 예배 마침순서에 무슨 기도순서가 따로 들어가야 할까? 회중이 세상으로 나아가기 전에 하나님께 도움을 구하는 기도를 통성으로 하면 좋을까? 개혁교회에서는 전통적으로 설교 후에 설교를 재차 요약하는 기도 정도가 아니라 온 회중의 필요를 구하는 기도를 드렸다. 이전에 기도순서에서 이 기도가 '기독교의 모든 필요를 구하는 기도'라는 방식으로 표현되었다는 것을 살펴보았으니 그 내용에 대한 언급을 따로 할 필요가 없겠다.

중요한 것은 이런 기도를 설교 전에 '대표기도'라는 방식으로 했다고 하더라도 세상으로 나아가기 전에 하나님의 백성들은 하나님께 모든 필요를 구한 자들임을 명심해야 한다는 것이다. 세상에서 생활할 때에 하나님께 모든 필요를 구하면서 살아가야 하겠지만 예배를 통해 공식적으로 기독교의 모든 필요를 구하는 기도를 드렸다는 사실을 예배 마침 부분에서 상기하는 것이 좋겠다.

기도 인도자뿐만 아니라 하나님을 예배한 모든 백성들은 제사장적인 역할을 부여받았다. 예배를 통해서 제사장적인 역할을 수행할 뿐만 아니라 이제 세상으로 나아가서도 제사장으로 살아가야 한다. 개혁교회에서는 이 기독교의 모든 필요를 구하는 정형화된 기도의 도움을 받아 교회와 교인과 세상의 필요를 적절하게 구한 다음에 주기도문을 덧붙이곤 한다. 이처럼 공예배에서 주기도문의 자리도 있다. 예배마침 찬송으로 주기도송을 부를 수도 있겠는데 기본적으로 예배마침의 순서에서 회중은 하나님의 도움을 구하면서 세상으로 나아간다는 것을 명심해야 한다.

마침찬송

예배 안에 여러 번의 찬송이 있는데 마침순서에도 찬송이 있어야 자연스럽다. 하나님께서 베풀어주신 모든 복들에 대한 찬송, 이 얼마나 자연스럽고 합당한가! 한국교회에서는 대개 설교 후에 설교에 응답하는 찬송을 한다. 예배마침 순서의 찬송은 설교에 화답하는 찬송을 넘어 세상으로 나아가는 회중이 하나님의 도우심을 간구하며 부르는 찬송이다. 마침찬송은 별개의 순서이다. 온 회중이 세상을 향해 나아갈 준비를 한 채 다함께 일어서서 부르는 마침찬송이야말로 결전을 앞둔 군대가 적진을 향해 진군하기 직전의 진군가와 같다.

하나님을 예배한 회중은 이제 흩어져서 세상으로 나아간다. 하지만 흩어진다고 해서 하나님의 회중이 불안해할 이유가 없다. 흩어지지만 그들은 그리스도의 몸 안에 있기 때문이다. 세상의 공격과 원수의 적의를 늘 경험하면서 살아가겠지만 그리스도의 몸 안에 있는 신자들은 하나님의 지키심으로 인해 안전을 누릴 수 있다. 바로 이런 안전감과 확신을 노래하는 것이 바로 마침찬송이다. 예배가 마쳐지지만 회중은 예배시작 순서들에서 경험한 하나님의 임재를 새로운 방식으로 경험하면서 노래한다. 예배당을 떠난다고 해서 하나님의 임재로부터 멀어지지 않고, 이 세상에서 하나님과 더불어 살아감을 노래한다.

예배인도자는 이 목적에 맞는 찬송을 신중하게 선곡해야 한다. 회중이 모르는 곡을 불러서 혼란을 주어서도 안 되겠고, 그렇다고 아무 곡이나 잘 아는 찬송을 부를 수 있다는 안일한 생각을 버려야 한다. 마침찬송 선곡은 성경본문을 정하고 설교하는 것과 비교할 수는 없겠지만 예배의 마침을 좌우하는 중요한 요소이다. 뒤에서 다룰 강복선언은 사용할 수 있는 성경본문이 정해져 있지만 마침 찬송은 얼마든지 다양한 곡 중에서 선곡할 수가 있다. 그렇기 때문에 선곡에 더 신중을 기해야 할 것이다. 예배마침 찬송은 '그리스도의 승리'를 발판으로 이 세상에서 '성령님의 감동'으로 말미암아 '하나님 아버지의 도우심'을 확신하는 찬송이 좋겠다. 예배마침 찬송은 예배를 통해서 주신 모든 복을 이 세상 가운데서 실제적으로 적용하고 확정하는 삶을 살기를 기원하는 곡이 되는 것이 좋다.

마침말씀 – 강복선언

예배의 사실상의 마지막 순서는 '강복선언'이다. 이것을 '마지막 말씀'이라고 부를 수 있다. 대부분의 한국교회에서는 이 순서를 '축도'라고 부르고 있다. 축도(祝禱)라고 하면 말 그대로 '축복하는 기도'가 된다. 이 마지막 순서가 기도라는 생각은 문제가 있다. 이 마지막 순서는 목사가 회중을 위해 기도해 주는 시간이 아니다. 목사가 회중을 위해 기도하는 순서는 '대표기도'라든지, '설교 후의 기도' 등을 통해서 이미 했다. 우리는 이미 정착된 용어이기는 하지만 '축도'라는 용어 대신 '강복선언'이라고 부르는 것이 좋겠다고 본다. 예배의 마지막 순서는 강복(降福), 즉 복이 내리기를 선언하는 순서이다. 목사는 예배의 마지막 시간에 자신의 경건한 기도로 마무리하는 것이 아니라 하나님께서 직접 내리시는 복을 선포하면서 마무리한다.

이 마지막 순서는 '마지막 말씀'이라고 불렀듯이 예배 시작 부분에 있었던 '기원'과 짝을 이루고 있다. 기원이라고 했지만 그것은 하나님께서 목사를 통해 하나님을 예배하러 나온 자기 백성에게 인사하시는 시간이다. 즉, 하나님이 친히 자기 백성에서 말을 건네시는, 복을 건네시는 시간이다. 하나님의 이 말 건넴, 복주심이 예배 마지막 순서에도 있다. 예배의 시작과 마무리는 하나님의 복 주심과 임재하심으로 감싸여 있다. 복은 오직 삼위 하나님으로부터만 오며, 하나님께서는 그 복을 자기 백성들에게 주시면서 시작하고, 그 복으로 마무리를 하신다. 하나님은 자기 백성에게 복 수기를 기뻐하시는 분이다.

성경에는 하나님의 복 주심에 관한 수많은 말씀들이 있다. 그런데 교회는 처음부터 '강복선언'에 사용할 수 있는 두 구절을 선호해 왔다. 구약에 한 군데, 신약에 한 군데가 있다. 구약에서는 우리가 잘 아는 민수기 6:24-26에 나와 있는 대제사장의 강복선언이다.

"여호와는 네게 복을 주시고 너를 지키시기를 원하며, 여호와는 그의 얼굴을 네게 비추사 은혜 베푸시기를 원하며, 여호와는 그 얼굴을 네게로 향하여 드사 평강 주시기를 원하노라."

이 복 선언은 너무나 아름답게 짜여져 있다. 삼위 하나님에 관한 언급이 없지만 신약성도인 우리는 이 복 선언 속에 삼위 하나님의 모습이 아름답게 자리 잡고 있음을 알 수 있다. 대제사장 아론은 용서받은 하나님의 백성들에게 복을 선언해야 했는데 하나님께서 자기 백성을 지키신다는 것을 선포한다. 그 지키심은 하나님께서 자기 백성을 향해 얼굴을 가리시지 않고, 그 얼굴을 들어 주심으로, 그 얼굴을 비추심으로 표현된다. 그 하나님께서 자기 백성들에게 은혜와 평강을 주신다. 이 은혜와 평강이야말로 신약 서신서들에서 사도들이 교회를 향해 인사할 때

항상 언급하는 문구들이지 않은가! 신약성경에서 강복선언 문구로 사용되는 것은 고린도후서 13:13의 구절이다.

"주 예수 그리스도의 은혜와 하나님의 사랑과 성령의 교통하심이 너희 무리와 함께 있을지어다."

너무 짧다. 하지만 삼위 하나님의 각 위가 주시는 모든 복을 한 단어만으로 요약한 것이 얼마나 인상적인가! 삼위의 순서도 시사하는 바가 크다. 주 예수 그리스도가 먼저 언급되고 그 분이 주시는 모든 것을 은혜라는 한 단어로 요약한다. 하나님 아버지는 사랑을 베풀어 주시는 분이고, 마지막으로 성령님은 교통하게 하심이 그 주된 사역이다. 성자, 성부, 성령의 이 순서와 그 분들의 사역 요약은 우리의 신앙생활의 기초를 든든하게 놓아줄 것이고, 우리의 신앙생활에 실질적인 도움을 준다. 개혁교회들이 그러했듯이 구약의 말씀과 신약의 말씀을 주일오전예배와 오후예배에 나누어서 사용한다면 구약과 신약의 복이 하나요, 구약에서부터 신약으로 복이 넘치게 흐른다는 것을 보여줄 수 있으니 얼마나 좋은 것인가!

최근에 한국교회에서 이 강복선언 문구가 문제가 되었다. '축도'라는 용어를 택하고 나니, 이 마지막 순서가 기도라는 생각에 이 성경의 문구를 그대로 사용하기 보다는 길게 늘여서 사용하는 경우가 대부분이었다. 특히, 성령의 교통하심 대신에 길게 설교내용을 요약하는 말들이 들어가고, 그 말씀을 지키는 자에게 삼위 하나님의 복이 임하기를 기도한다. 마지막 문구가 특히 문제가 되었는데 '너희 무리와 함께 있을지어다'라는 문구이다. 이 문구를 그대로 선포하면 기도가 되지 않기 때문에, 그리고 더 나아가서는 목사가 자신을 제사장처럼 생각하면서 말하는 것이라고 생각해서 '축원하옵나이다'라는 표현으로 바꾸었다. 예배순서를 공교회적으로 논의하지 않던 한국교회 상황이었음에도 불구하고 유독 이 표현만큼은 성경 그대로 하지 않고 바꾸기로 결정하였다. 성경번역이 잘못 되었다고 하면 할 말이 없다. 하지만 우리는 이 구절이 복을 선언하는 구절이기 때문에 '있을지어다'라는 번역이 잘못된 것이 아니라고 본다. 문제는 '축도'라고 이해하느냐, 아니면 '강복선언'이라고 이해하느냐의 문제이다.

강복선언의 모습을 보자. 목사는 두 손을 들고는 회중을 향해 쭉 편다. 복 주는 시늉을 하는 것이다. 두 손을 들 수도 있고, 한 손만 들 수도 있다. 손을 높이 들되 손바닥을 아래로 향할 수도 있고, 손바닥을 위로 향하게 할 수도 있다. 손바닥을 어디로 향하느냐가 중대한 차이가 될 수도 있다. 손바닥을 아래로 향한다면 위에서 내려오는 복을 가리키는 것으로 보이기 쉽고, 손바닥을 위로 향한다면 우리의 소원을 하나님께 올려 드리는 것으로 보이기 쉽다. 문제는 목사가 손을 들었지만 눈을 감고, 교인들도 눈을 감게 하고는 기도하는 것이다. 모두가 다 기도하면서 눈을 감는데 왜 손을 드는가? 두 손을 드는 것은 보라고 드는 것이 아닌가? 보지도 못할 것을 왜 두 손을 드는가? 믿음의 눈을 열어서 보라는 뜻인가? 아무래도 어색하다. 강복선언이기 때문에 목사는 두 손을 높이 들어서 회중을 향해 펴고서는 이 강복선언문을 선포하는 것이 맞다.

목사는 두 손을 들었으니 두 눈을 뜨고 회중을 똑바로 쳐다보자. 회중도 눈을 감지 말고 목사의 들려진 두 손을 바라보면서 '강복선언'의 순서에 임하자. 하나님께서 위로부터 복을 내려 주신다는 것을 이것만큼 분명하게 시위하는 것이 드문데 왜 눈을 감아야 하는가! 눈을 감고 기도한다고 생각하니까 그 시간에 예배실을 떠나는 경우도 있는데 이것만큼은 피해야 하겠다.

예배 이후

정규적인 공예배에서 빠진 순서가 있는데 '광고'가 바로 그것이다. 광고가 예배순서에 들어갈 수 있느냐 없느냐가 큰 논쟁거리이기도 하다. 하나님을 예배하는데 사람에 대해 광고하는 것은 예배 중에 절대 들어가서는 안 될 일이라고 주장하는 이들이 있다. 그렇다면 (주보에 필요한 광고들이 개재되어 있으니) 아예 광고를 없애든지, 예배 전이나 후에 광고하면 되겠다. 하지만 예배 안에 광고가 들어갈 수도 있는데 그것은 '성도의 교제' 차원이다. 예배에는 서로의 덕을 세우는 것도 포함되기 때문이다(고전14:26). 교인 가정의 경조사나 교회 각종 기관의 행사를 자세하게 광고하기 보다는 새신자 소개나 다른 교회에서 이명해 온 신자 소개 등, 성도의 교제를 위해 이 광고시간을 사용할 수 있겠다.

마침기도, 마침찬송, 마침말씀으로 예배가 마쳤다. 예배가 마쳤다고 하지만 사실은 예배가 끝난 것이 아니라 절정에 이르렀다고 말할 수도 있다. 공예배는 끝났지만 이제부터 새로운 예배, 삶의 예배로 이어지기 때문이다. 신자들은 하나님을 예배실에 모셔둔 채 떠나는 것이 아니라 하나님의 임재와 더불어 이 세상으로 나간다. 예배실을 떠나는 신자는 하나님의 임재 뿐만 아니라 하나님의 백성들과 더불어 세상으로 나아간다. 그래서 유럽에서는 한때 목사가 강복선언 전에 "가난한 이들을 생각하십시오"라고 말한 적이 있다. 예배실을 떠나기 전에 가난한 자들을 위해 헌금을 모으던 관습이 있었기 때문이다.

강복선언이 끝나면 반주자가 후주를 간단하게 연주하는데 이때 목사가 강단에서 내려와서 예배 직전에 예배를 위임한 장로와 더불어 다시금 악수를 한다. 하나님께서 치리회를 통해 맡겨주신 예배인도를 무사히 마쳤다는 인사이다. 악수를 통해 장로는 예배를 잘 인도해 주었음에 대해 감사하고, 목사는 예배인도를 무사히 마쳤다는 보고를 하는 셈이다. 온 회중이 이것을 지켜보는 것이 유익하다. 목사가 개인의 능력으로 예배를 인도하지 않았고 하나님께서 세워주신 직분자로서 이 일을 감당했음을 온 회중이 다시금 확인하기 때문이다.

악수가 끝나고 목사와 장로가 회중석을 지나 예배실 입구에 선다. 회중은 조용한 음악이 흘러나오는 가운데 예배실을 떠나면서 직분자들과 악수한다. 예배를 인도한(말씀을 선포하고, 성례를 집례한) 목사에게 감사의 악수를 건넨다. 회중은 예배실 입구에 가까운 좌석에 앉은 순서로 질서있게 예배실을 빠져 나가면서 악수하는 것이 좋겠다. 예배실을 서둘러 나가기 위해 밀고 당기는 일이 있으면 좋지 않다. 예배를 잘 드리고 예배실을 빨리 빠져 나가기 위해 신경전을 벌이고 감정이 상하는 것만큼 어리석은 일이 어디에 있겠는가! 예배실에서 좀 기다리더라도 여유 있게 자리를 뜨면서 예배를 인도한 직분자에게 감사를 표하도록 하자. 유럽의 어떤 교회들에서는 목사가 강단에서 내려오면 회중 가운데 몇몇 교인들이 앞으로 나와서 받은 말씀에 대해 고맙다는 인사를 한다고 하는데 이 정도는 아니라고 하더라도 목사와의 악수를 형식적인 것으로 치부해서야 되겠는가? 예배를 마쳤으니 성도들과 자연스럽게 교제할 수 있고, 예배 이후에 있을 일들을 처리할 수도 있다. 하지만 그 모든 일을 하기 전에 예배를 주심에 대해, 말씀과 성례를 베풀어 주심에 대해 감사를 표현하는 것이 좋겠다.

나가면서
: 예배는 계속해서 발전해야 한다

지금까지 우리는 공예배, 그것도 주일오전예배를 중심으로 살펴보았다. 우리는 주일오후예배의 성격에 관해서도 고민해야 할 것이다. 한국교회는 전통적으로 주일저녁예배를 드리다가 이제는 주일오후예배로 바꾸고 있으며, 그 오후예배도 여러 가지 변형을 거치다가 각 가정에서 예배를 드려도 된다는 식으로 바꾸기도 했다. 전통적으로 대륙의 개혁교회는 주일오후예배는 교리문답을 설교하는 예배로 정착시켰다. 주일 오전에는 목사가 정한 성경본문을 바탕으로 설교하지만 주일 오후예배에는 52주로 나누어져 있는 하이델베르크교리문답의 내용으로 설교해야 한다. 이런 구조에서는 목사 자신이 정한 성경구절만을 가지고 설교할 수 없고 하나님의 모든 뜻을 전할 수밖에 없다. 오전예배와 오후예배가 짝을 이루고 있기에 두 예배를 통해서 회중이 하나님의 온전한 회중으로 설 수 있는 것이다.

예배라고 부를 수 없지만 기타 예식들에 관해서도

우리는 그 모든 예식들의 성경적의 의미를 제대로 파악하여 집례해야 할 것이다. 각종 예식과 관련해서 다음과 같은 질문을 던져 본다. 첫째. 유아세례와 관련해서 '되도록이면 일찍 할 것인가, 아니면 늦추어도 되는가?' 둘째, 입교식과 관련해서 '회원가입절차인가, 아니면 공적 신앙고백인가?' 셋째, 임직식과 관련해서 '주일에 할 것인가, 아니면 주중에 할 것인가?' 넷째, 각종 기도회와 관련해서 '개인경건활동인가, 아니면 공적인 예배인가?' 다섯째, 결혼예식과 관련해서 '교회에서 할 것인가, 아니면 예식장에서 할 것인가?' 여섯째, 장례식과 관련해서 '가족의 일인가, 아니면 교회의 일인가?' 등이다.

개혁교회는 공예배가 언약적 사건임을 인식하므로 공교회성에 충실하고자 했다. 개혁교회는 언약갱신예식으로서의 예배를 통해 하나님께서 태초부터 세우신 바로 그 교회에 동참한다. 공교회성에 충실한 언약적 예배를 회복하기 위해서는 성경지상주의를 넘어서 전 역사에 걸친 교회전통으로 눈을 돌릴 필요가 있다. 우리는 역사상의 모든 교회의 예배로부터 배워야 한다. 여기에는 회당예배도 포함된다. 더 나아가 구약 제사제도도 분명히 포함된다. 제사제도를 회복해야 된다는 말이 아니라 제사제도가 신약교회의 예배에 주는 시사점이 무엇인지를 깊이 들여다 보아야 한다는 말이다. 우리는 '오직 성경'에 근거하여 예배순서를 확정해야 하지만 예배는 완결된 것이 아니다. 언약적인 예배는 성부 하나님 중심적일 뿐만 아니라 그리스도 중심적이며 성령 중심적이기도 하기에 얼마든지 발전할 여지가 있다. 개혁교회는 자신의 시대와 문화의 영광을 예배속에 가장 아름다운 방식으로 구현해 내어야 할 의무가 있다. 우리가 아무리 최선의 것으로 하나님을 예배한다고 하더라도 늘 부족할 수밖에 없다. 예배는 더 풍성해져야 한다. 하나님께서는 부족한 예배를 통해서 늘 영광 받으신다.

부록 A

사도신경 | 고려신학대학원 교수회 역본

Ⅰ. 성부 하나님
  1. 나는 전능하신 하나님 아버지, 천지의 창조주를 믿습니다.

Ⅱ. 성자 하나님
  2. 나는 그분의 독생자 우리 주 예수 그리스도를 믿으오니,
  3. 그는 성령으로 잉태하여 동정녀 마리아에게서 나셨고,
  4. 본디오 빌라도 치하에서 고난당하시고, 십자가에 달리시고, 죽으시고, 장사되시고, 음부에 내려가셨으며,
  5. 사흘 만에 죽은 자들로부터 부활하셨고,
  6. 하늘에 오르셨고, 전능하신 하나님 아버지의 우편에 앉아 계시는데,
  7. 거기서 산 자들과 죽은 자들을 심판하러 오실 것입니다.

III. 성령 하나님

   8. 나는 성령을 믿습니다.

   9. 나는 거룩한 공교회와 성도의 교제와

   10. 사죄와

   11. 육의 부활과

   12. 영생을 믿습니다.

아멘.

부록 B
예배 중의 기도문

1. 공적 회개와 사죄선언

〔죄의 고백〕

"전능하신 하나님, 영원하신 아버지, 우리는 불의함 가운데 태어났음을 인정하고 고백합니다. 우리의 생은 죄와 허물로 가득 차 있습니다. 우리는 주님의 말씀을 믿으려 하지 않았고, 주님의 거룩한 계명들을 따르지도 못했습니다. 기도하오니, 주님의 선하심과 주님의 이름으로 인해 우리에게 은혜를 베풀어 주셔서 우리의 너무나 커다란 모든 죄를 용서하여 주옵소서. 아멘!"

우리 각자가 주님의 얼굴 앞에 나아가 우리 자신의 잘못들을 고백합시다.

〔죄 고백의 침묵기도〕

〔확신과 사죄선언〕

"이 말씀이 진실하기에 우리는 이것을 믿어야 합니다. 그리스도 예수께서 세상에 임하신 것은 죄인들을 구하기 위함입니다. 주님 자신이 십자가에서 그 몸으로 우리 죄를 짊어지셔서 우리로 하여금 죄에 대하여 죽고 모든 선한 것에 대해 살아나도록 하셨습니다. 그러므로 내가 회개하는 모든 자에게 성부와 성자와 성령의 이름으로 여러분의 모든 죄가 씻어졌음을 선포합니다. 아멘!"

-1539년부터 스코틀랜드의 존 녹스와
스위스의 장 칼뱅이 사용한 기도문-

2. 기독교의 모든 필요를 구하는 기도

"전능하시고 자비로우신 하나님, 우리는 감히 하나님 앞에 나아올 자격이 없는 자들임을 고백합니다. 우리의 양심이 우리를 고소하고, 우리의 죄가 우리를 향해서 소리치고 있습니다. 하나님은 주의 명령을 어기는 모든 죄들을 처벌하시는 의로운 심판자가 아니십니까.

그러나 주님, 주님은 우리의 모든 필요를 주님께 구하라고 명령하셨고, 우리의 간구에 귀 기울이시겠다고 약속하셨습니다. 이는 우리 아버지께서 우리의 중보자요 대언자로 세우신 주 예수 그리스도 덕분입니다. 우리에게는 공로라고는 없으니, 우리의 공로 때문일 리가 없음을 우리는 잘 알고 있습니다. 그러므로 우리는 주의 자비로우심 외에는 다른 모든 도움을 버리고, 다른 그 어떤 것도 우리의 피난처로 삼기를 거부합니다.

하늘에 계신 아버지여, 아버지께서는 우리가 이해할 수 없고 셀 수도 없는 수많은 복을 내려 주셨습니다. 특별히 감사하옵는 것은 주님의 진리의 빛과 거룩한 복음의 지식으로 우리를 인도하셨습니다. 그러나 우리는 계속해서 주님의 은총을 저버렸고, 주님으로부터 떠났고, 우리 자신의 욕망을 따랐습니다. 우리는 마땅히 하나님을 존경할 만큼 존경하지도 않았습니다. 우리는 주님을 향해 심각한 죄를 지었습니다. 주님이 우리를 심판에 붙이신다면 우리는 저주와 영원한 죽음을 당할 수밖에 없습니다. 그러나 주님, 주님의 기름부음 받으신 그리스도의 얼굴을 보셔서 우리의 죄를 눈감아 주옵소서. 그리스도의 중보를 통해 주님의 진노를 제거하옵소서. 우리의 죄악된 본성을 날마다 죽여갈 수 있도록, 우리의 삶이 날마다 새로워질 수 있도록 우리 가운데 성령으로 강력하게 역사하옵소서.

우리가 모든 인류를 위해 기도하는 것을 기뻐하시는 주님, 거룩한 복음의 선포를 복주셔서 온 세상에 주의 말씀이 선포되고 받아들여지기를 간구합니다. 온 세상이 하나님을 아는 지식으로 가득차기를 기도합니다. 어리석은 자들을 지혜롭게 하시고, 연약한 자들을 강건하게 하옵소서. 모든 이들이 말씀과 행위로 주의 거룩한 이름을 높여드리기를 원합니다. 이것을 위해 추수할 신실한 종들을 보내 주시고 그들이 그들의 직분 사역을 잘 감당하도록 준비시켜 주옵소서. 또한 간구하옵는 것은 하나님의 거룩한 이름과 사람들의 구원을 바라는 것보다 자신의 명예와 유익을 도모하는 모든 거짓 선생들, 잔인한 이리들, 삯군들을 멸망시켜 주옵소서.

이 세상에서 주님의 기독교회가 진실한 믿음과 거룩한 삶 가운데 연합하여 주의 나라가 날마다 임하게 하옵소서. 주의 나라가 완성되어 주께서 만유 안에 만유가 되실 때까지 사단의 나라를 계속해서 멸망시켜 주옵소서.

이 세상에서 소망도 주님도 없이 살고 있는 유대인들과 회교도들과 이교도들을 위해 기도합니다. 기독교인이라고 자처하지만 교리와 생활에서 주의 진리로부터 벗어난 사람들에게 복음을 전하는 일에도 주님의 복을 내려 주옵소서.

모든 기독교 기관들과 관계자들을 기억하여 주옵소서. 하나님의 거룩한 말씀에 따라 주의 이름을 높이고, 주의 나라를 확장하고, 주의 뜻을 성취하고자 하는 모든 조직들을 축복하옵소서. 긍휼을 베푸는 모든 기독교 기관들에 함께 하셔서 관계자들에게 충만한 사랑을 허락하여 주옵소서.

주님, 주께서 우리 위에 세우신 대통령과 정부와 지방자치단체의 모든 관료들을 위해 기도합니다. 그들의 직무수행을 통해 만왕의 왕께서 그들과 그들의 국민들을 통치하시기를 구합니다. 주의 종들인 그들이 불법의 나라인 사단의 나라를 대항하도록 하옵소서. 그들의 통치의 보호하에 우리가 모든 면에서 조용하고 평화로운 삶, 경건하고 존경할만한 삶을 살게 하옵소서.

아버지의 이름과 우리 주 예수 그리스도의 복음을 위해 핍박당하고 있는 주의 자녀들을 위해 기도합니다. 주의 성령으로 그들을 위로해 주시고 대적들의 손으로부터 구해 주옵소서. 주의 이름을 부르는 자들을 남겨 주시고, 주의 이름을 모독하는 이들을 제거하여 주옵소서. 그러나 만약 핍박받는 기독교인들이 죽음으로 진리를 증거하고 주의 이름을 영화롭게 해야 한다면 그들의 고통을 위로하여 주옵소서. 그들이 하늘 아버지께서 내리시는 시련을 잘 받아들이게 하시고, 주의 영광을 위해, 교회를 세우기 위해, 그들의 구원을 위해 사나 죽으나 굳게 서게 하옵소서.

주님, 이 시간 우리는 주께서 가난, 감금, 질병, 영적인 곤란으로 인해 시련하시는 이들을 기억합니다. 질병에 걸린 이들을 치유하시고, 정신적으로 병에 걸린 이들에게 온전한 마음을 주시기를 구합니다. 육체적 장애나 정신적 장애를 가진 이들을 돌보시기를 원하고, 낙심한 이들을 일으켜 주시기를 구합니다. 주님, 홀아비의 위로자가 되어 주시고, 홀어미의 보호자가 되어 주시고, 고아들의 아버지가 되어 주옵소서. 외로운 자들에게 주의 사랑을, 연약한 자들에게 주의 능력을, 죽어가는 이들에게 주의 은혜를, 사랑하는 이를 잃은 이들에게 주의 위로를 허락하옵소서. 모든 시련이 의의 열매를 맺게 하옵소서. 하나님의 영원한 영광을 맛볼 이들이 믿음과 사랑과 인내로 주께 영광돌리게 하옵소서.

오, 주님! 우리와 우리가 사랑하는 이들을 주께서 돌보시고 지켜 주옵소서. 우리 가족들을 돌보아 주옵소서. 산모들에게 힘주셔서 출산에 어려움이 없도록 하옵소서. 남편과 아내, 부모와 자녀의 관계를 축복하옵소서. 주께서 뜻이 계셔서 자녀를 허락하지 않은 부부에게 함께 하여 주옵소서. 그들에게 복주셔서 주의 집에서 복이 되게 하옵소서.

우리의 직장과 사업을 도우시고 우리가 여행할 때 보호하옵소서. 하나님 나라의 확장과 우리 조국의 유익과 자기 발전을 위해 우리가 애쓰는 노력을 축복하옵소서. 또한 땅의 산물을 축복하옵소서. 좋은 날씨와 풍성한 소출을 주시기 구합니다.

주의 뜻대로 살아가는 가운데 우리의 소명을 충실하게 감당하게 하옵소서. 주님께 받은 달란트들을 잘 사용하게 하셔서, 그것들이 주님의 나라에서 우리의 삶에 방해가 되지 않고 우리 삶을 증진시키게 하옵소서. 모든 유혹가운데서 우리를 강건하게 붙들어 주셔서 믿음의 선한 싸움을 싸우고 승리하여 그리스도와 더불어 영생을 누리게 하옵소서.

이 모든 것을 우리의 신실하신 주님이시오 구세주이신 예수 그리스도의 이름으로 기도합니다. 아멘!"

-캐나다개혁교회 예식서(1993년) 중에서-

3. 오전설교 후의 기도문

"자비로우신 하나님 아버지, 주님의 성령과 말씀으로 아버지와 아버지의 아드님에 대한 지식을 전해주신 것과 주님의 말씀이 선포되게 하신 것을 감사합니다. 주 예수 그리스도를 영접한 저희가 그리스도 안에서 살게 하시며, 저희가 가르침 받은 대로 그리스도 안에 뿌리받고 세움을 입으며 믿음에서 확고해져서 저희의 감사가 넘치게 하옵소서. 주님께 간구하오니, 저희는 무지하고 주님께 감사하지도 않으며, 불평하며 마땅히 복종해야 할 주님의 거룩한 말씀에 순종치 못하오니, 주님, 주님의 크신 자비를 기억하시고, 저희에게 긍휼을 베풀어 주옵소서. 진실로 저희의 죄를 알게 하시고, 진전으로 회개하게 하시며, 저희의 생활을 개선하도록 가르쳐 주옵소서. 교회의 말씀 봉사자들에게 힘을 주셔서, 그들이 주님의 거룩한 말씀을 신실하고 확고하게 전할 수 있게 하옵소서. 또한 주님, 저희를 다스리는 모든 사람에게 능력을 주시사, 그들에게 맡겨진 칼을 정의롭고 공정하게 사용하게 하옵소서.

  주님께 특별히 _____를 위해서 기도합니다. 주님께 간구하오니, 모든 위선과 불성실에서 저희를 지켜 주시며, 주님의 말씀과 주님의 교회를 대적하는 모든 악과 교활한 음모들을 깨뜨려 주시옵소서. 주님, 주님의 말씀과 성령을 저희에게서 거두지 마시고, 모든 고난과 역경 가운데서도 강한 믿음과 확고한 의지를 주옵소서. 주님의 교회를 도우시고, 보전하시고, 주님의 백성을 반대하는 세력과 조롱과 압제에서 건져 주옵소서. 약한 자들과 슬픔으로 괴로운 짐 진 자들에게 위에서 내려주시는 힘을 내려 주옵소서. '진실로 진실로 내가 너희에게 이르노니, 너희가 무엇이든지 아버지에게 구하는 것을 내 이름으로 주시리라'라고 저희에게 확실하게 약속하신 우리 주 예수 그리스도의 이름으로 말미암아 아버지의 평강을 주옵소서. 우리 주 예수 그리스도의 이름으로 기도합니다. 아멘."

-캐나다개혁교회 예식서(1993년) 중에서-

4. 성찬식 시작과 성찬식 후의 감사 기도문

"오 하나님 아버지시여, 여기 아드님의 이름으로 주님 앞에 나아와 성찬대에 선 우리 모두를 위해 구하오니, 우리가 태어날 때부터 죄악과 타락 속에 있었음을 철저히 알게 하시고, 우리 자신은 더욱 죄악된 생활에 빠질 수밖에 없으며, 우리 육체 속에는 아무 선한 것도 엇음으로 깨닫게 하소서. 우리의 혈과 육으로는 주님의 나라를 상속받을 수 없사오니, 우리의 대속주요 구세주이신 하나님의 아드님께 온전한 마음과 진실한 믿음으로 우리 자신을 맡기게 하옵소서. 그분은 우리의 죄악을 위하여 십자가 상에서 주님께 자신의 몸과 피를 드렸을 뿐만 아니라 또한 우리에게 영생하는 양식이요 음료로서 그것을 주셨습니다. 우리가 그리스도의 이 귀한 선물을 받을 때에 진실하고 간절한 마음으로 받게 하시며, 신실한 믿음으로 그의 참 몸과 피에 참여하며 즐거워 하게 하옵소서. 그분은 실로 우리의 구세주시며, 참 하나님이요, 참 사람이

시며, 하늘의 참된 양식이십니다. 이제는 우리가 더 이상 죄악 가운데 살지 않게 하시고, 그리스도께서 우리 안에 사신 것처럼 우리도 그리스도 안에서 살아서 거룩하고 복된 영생을 누리게 하옵소서. 이제는 우리 모두가 참되고 영원하신 약속과 은혜의 언약에 참여하는 자들이 되게 하시고, 주님을 우리의 영원하시고 은혜로우신 아버지로 확신하게 하옵소서. 다시는 우리가 죄 가운데 빠져들지 않게 하시며, 주님의 사랑하는 자녀들이 영육에 필요한 모든 것들을 공급하여 주옵소서. 언제나 우리가 주님께 감사와 찬양을 돌려 드리며, 우리의 모든 말과 행위를 통하여 주님의 거룩하신 이름을 높이게 하옵소서. 오, 하늘에 계신 아버지시여, 우리가 세상 끝날까지 주님의 사랑하는 아드님 우리 주님을 기리고 이 예식을 지키며, 그리스도의 죽으심을 증거하게 하시고, 그렇게 함으로써 주님께 대한 믿음과 모든 선함이 더욱 자라고 커지게 하옵소서. 오, 하나님 아버지시여, 지금과 언제까지라도 주님만을 신뢰하며 주님만을 찾게 하옵소서. 이제 우리 주님께서 가르치신 기도로 기도하오니: 하늘에 계신 우리 아버지여…."

"전능하시고 은혜로우시며 하늘에 계신 아버지시여,

주님께 영원한 감사와 찬송을 돌려 드립니다. 하나님께서 거룩한 복음의 말씀을 주시고, 이 성찬을 통하여 주님의 가장 귀한 보배시오, 하늘의 떡이시며 영생하는 양식이신 우리 주 예수 그리스도를 우리에게 주셨습니다. 주님께 간절히 구하오니 우리가 참된 믿음으로 그리스도의 몸과 피를 받고 참여함으로써 이제는 영원까지 모든 악으로부터 해방되게 하시고, 매일 모든 선한 일을 해하며 주님의 영광을 기리게 하옵소서. 변함없으신 우리 주 예수 그리스도의 이름으로 기도합니다. 아멘."

-스트라스부르 예배서(1537-39년) 중에서-

5. 주일 오후 교리문답설교 전, 후의 기도문

"하늘에 계신 아버지, 주님의 말씀은 신실한 증거요, 우리 발에 등이요, 우리 길에 빛입니다. 우리가 간구하오니, 우리에게 주님의 말씀 안에서 통찰을 주시옵고, 주님의 성령을 통하여 우리에게 이해의 빛을 허락하여 주옵소서. 우리가 인정하옵는 것은 우리가 우리 자신의 길만 고집하지, 주님의 계명의 길로 가고자 하지 않는 교만함이 있습니다. 주님의 능력으로 우리를 이기시옵소서. 우리를 가르치사 주님의 말씀 앞에 겸손히 무릎 꿇게 하시고 우리의 삶 전부가 주님의 말씀을 통하여 지배받게 하여 주옵소서. 주님의 교회가 영원히 주님의 말씀을 반복적으로 고백하게 해 주시니 감사합니다. 더불어 주님의 자녀들이 세대에 세대를 이어 주님의 말씀의 진리를 굳게 붙들게 하셨습니다. 이 예배에서의 설교를 통하여 성경을 우리에게 열어 주셔서 우리의 믿음을 강하게 하여 주시옵소서. 주님의 진리로부터 벗어난 모든 자들에게 은혜를 베풀어 주셔서 우리 모두가 그들과 함께 하나되어 주님을 섬기게 하여 주옵소서. 하늘에 계신 아버지여, 주님의 아드님 우리 주 예수 그리스도를 통하여 우리의 기도를 들어 주옵소서. 아멘"

"긍휼이 많으신 하나님 아버지, 우리가 주님의 말씀의 설교를 들을 수 있게 해 주셔서 감사합니다. 주님이 교회에 맡기셨고, 교회가 대에 대를 이어 고백해 왔던 복음으로 우리를 부유하게 하셨습니다. 주님의 말씀을 규칙적으로 베풀어 주셔서 우리를 가르치사 주님이 보시기에 선하고 악한 것을 우리가 예민하게 분별할 수 있게 하옵소서. 우리의 방황을 돌이켜 주시고, 바람 부는 대로 흘러가지 않게 하옵소서. 우리가 그리스도를 더 강하게 붙잡게 하시고, 지혜와 공의 안에서 우리가 자라게 하여 주옵소서. 우리 자녀들이 주님의 말씀을 잘 듣도록 우리가 신경쓰게 하옵소서. 그리하여 그들이 주님의 성령을 통해 주님을 증거하고, 주님의 말씀을 마음으로 믿게 하옵소서. 회중의 청소년들에게 베푸는 교리문답의 가르침도 복 주시옵소서. 우리가 이 세상에서 그리스도의 이름을 부끄러워하지 않게 하옵소서. 우리와 우리의 자녀들의 강력한 증거로 말미암아 사단의 왕국이 무너지고, 그리스도의 왕국이 강하게 되기를 원합니다. 우리 주 예수 그리스도를 통하여 주님이 경배를 받으시고, 우리가 구원을 받을 때까지 우리의 기도를 들어 주옵소서. 아멘."

-네덜란드개혁교회 해방파 예식서(2011년) 중에서-